O dom de perdoar

Roberto de Carvalho
espírito Basílio

O dom de perdoar

Aliança

1ª edição, Julho/2016, do 1º ao 8º milheiro.

Título
O Dom de Perdoar

Autor
Roberto de Carvalho / Basílio

Revisão
Sônia Cervantes

Diagramação
Ariane Haas

Capa
Ariane Haas

Impressão
Vox Editora Ltda.

Ficha Catalográfica

Dados Internacionais de Catalogação na Publicação (CIP)
(Câmara Brasileira do Livro, SP, Brasil)

Basílio (Espírito)
O dom de perdoar / pelo espírito Basílio;
[psicografado por] Roberto de Carvalho. --
São Paulo : Editora Aliança, 2016.

ISBN 978-85-8364-039-4

1.Espiritismo 2. Psicografia 3. Romance espírita
I. Carvalho, Roberto de. II. Título

16-05006 CDD-133.9

Índice para catálogo sistemático

1. Romance espírita psicografado: Espiritismo 133.9

Editora Aliança
Rua Major Diogo, 511 - Bela Vista - São Paulo - SP
CEP 01324-001 | Tel.:(11) 2105-2600
www.editoraalianca.com.br | editora@editoraalianca.com.br

"Perdoar é atitude nobre e necessária à evolução humana, mas o orgulho e a vaidade tornam o dom de perdoar uma virtude incompreensível ao entendimento da maioria dos homens. Para muitos, perdão ainda é sinônimo de fraqueza e covardia."

Sumário

Primeira Parte

Segunda Parte

Nota do autor espiritual

A passagem dos Espíritos pelo plano material é necessária para que possamos realizar, com a ajuda do elemento físico, os objetivos confiados por Deus. Além disso, as atividades que obrigatoriamente temos de desempenhar durante o período encarnatório atuam no desenvolvimento intelectual de cada um de nós. E, finalmente, a convivência com um número cada vez maior de membros dessa imensa família planetária tem por objetivo nos tornar mais solidários e altruístas.

Porém, a natureza do homem imperfeito, ainda sujeito às provações da vida, e tendo de se submeter às expiações angariadas por conta de suas próprias fraquezas morais, costuma situá-lo no ciclo vicioso das reincidências negativas.

É certo que, a cada experiência, a tendência é que haja um abrandamento das más ações e, consequentemente, uma moderação nas sentenças expiatórias.

Hector é apenas mais um Espírito endividado. Em duas encarnações consecutivas conduziu de modo irresponsável e equivocado o dom de escrever – faculdade que deveria ter utilizado para criar maior proximidade entre seus leitores e Deus.

Em vez disso, permitiu que o egoísmo, o orgulho e a vaidade o situassem em uma ilusória posição de poder, deturpando os objetivos traçados e desencaminhando almas que, enganadas pelos persuasivos argumentos de sua inspiração, seguiram-no cegamente, tornando-se vítimas de sua arrogância e prepotência.

Com o advento do espiritismo na França, durante a avalanche de fenômenos físicos provocados por Espíritos batedores, sob a supervisão da Espiritualidade Maior, Hector é convidado a, mais uma vez, colocar sua sensibilidade poética e criatividade literária a serviço do Bem, para os trabalhos psicográficos que sequenciariam as comunicações entre os dois planos.

O medo de voltar a cair em tentação o deixa apreensivo, mas contando com o apoio irrestrito da "irmã" Corine, Espírito também endividado, mas equilibrado e consciente, considera a possibilidade de aceitar o novo desafio: escrever sobre temas que ressaltem sempre o perdão e o amor ao próximo como ponto basilar para se alcançar a felicidade.

Nota do autor material

Anos atrás, assisti a uma matéria policial na TV que apresentava a seguinte reportagem: Uma moça havia sido vítima de uma emboscada, a caminho da escola, e fora assassinada a tiros de espingarda por um rapaz que não se conformava por ter sido rejeitado afetivamente. O trajeto que ela fazia incluía um local de mata fechada, o que facilitou a ação do assassino, que conhecia bem a rotina da jovem.

Na verdade, havia entre os dois uma relação de amizade e o rapaz inclusive frequentava a casa da família de sua vítima. Porém, ele insistia em namorá-la, mas ela resistia, dizendo que não o amava. Ao se convencer de que jamais a conquistaria, ele planejou o hediondo crime, que provocou grande revolta na pequena cidade onde viviam.

Depois do assassinato, o rapaz desapareceu e a polícia andava em seu encalço. O repórter entrevistou o pai da jovem assassinada ainda no cemitério, logo após o funeral. Tratava-se de um lavrador simplório, de cabelos grisalhos e semblante profundamente marcado pelo sofrimento.

— O que o senhor está sentindo neste momento? - perguntou o jornalista, instigando-o a um desabafo previsivelmente recheado de revolta e ódio.

Mas o homem baixou os olhos e, esfregando as mãos junto ao peito, disse com voz embargada:

— Sinto uma tristeza muito grande, seu moço! Minha filha era uma menina de ouro e está fazendo muita falta lá em casa.

— Mas e o assassino da sua filha? O que o senhor sente em relação a ele? - voltou a instigar o entrevistador, tentando provocar a ira daquele pai.

E as palavras dele surpreenderam a todos, inclusive a mim, que realmente esperava ouvir algo bem diferente.

— Eu o perdoo e sinto muita pena dele! - exclamou o lavrador, erguendo finalmente o rosto e encarando a câmera da TV. — Esse moço destruiu a própria vida e arrumou um problema muito sério com a lei dos homens e com a lei de Deus. Eu estou sofrendo por ter perdido a minha filha, mas não troco o meu lugar pelo lugar dele, de jeito nenhum!

***

Durante a escrita deste romance, fiz várias reflexões sobre "o dom de perdoar", a tal ponto que o tema acabou sendo adotado como título da obra. Quando o verbo "perdoar" tem um sentido teórico, distante da nossa realidade, chega a soar com um suave toque de romantismo e abnegação.

Mas quando a mão do infortúnio nos alcança, gerando grande sentimento de perda e forte indignação, a palavra "perdão" ganha contornos inimagináveis e a negação à capacidade de colocá-lo em prática é o que mais frequentemente norteia o comportamento humano.

Prova disso foi a surpresa demonstrada pelo repórter e certamente pela imensa maioria dos telespectadores que assistia à entrevista feita com aquele lavrador, quando de sua inesperada resposta.

Com certeza houve quem condenasse a atitude daquele pai, taxando-o de covarde ou sugerindo que ele não amava suficientemente a própria filha.

Mas o gesto do lavrador está perfeitamente justificado nos ensinamentos de Jesus, ao afirmar: "Se perdoardes aos homens as ofensas que vos fazem, também vosso Pai celestial vos perdoará os vossos pecados. Mas se não perdoardes aos homens, tampouco vosso Pai vos perdoará os vossos pecados" (Mateus, VI: 14 e 15).

Assim, também como é justificado na instrução dos Espíritos a Kardec, no Item 4 do capítulo 10 de *O Evangelho segundo o Espiritismo*: "O esquecimento das ofensas é próprio das almas elevadas, que pairam acima do mal que lhes quiseram fazer. Uma [a que não perdoa] está sempre inquieta, é de uma sensibilidade sombria e amargurada. A outra [a que perdoa] é calma, cheia de mansuetude e caridade" (grifo nosso).

Perdoar é atitude nobre e necessária à evolução humana, mas o orgulho e a vaidade tornam o dom de perdoar uma virtude incompreensível ao entendimento da maioria dos homens. Para muitos, perdão ainda é sinônimo de fraqueza e covardia.

Vibremos para que a leitura desta obra sirva para pacificar corações e mentes, ampliando o entendimento dos queridos leitores sobre a importância de se praticar o perdão das ofensas.

Primeira Parte

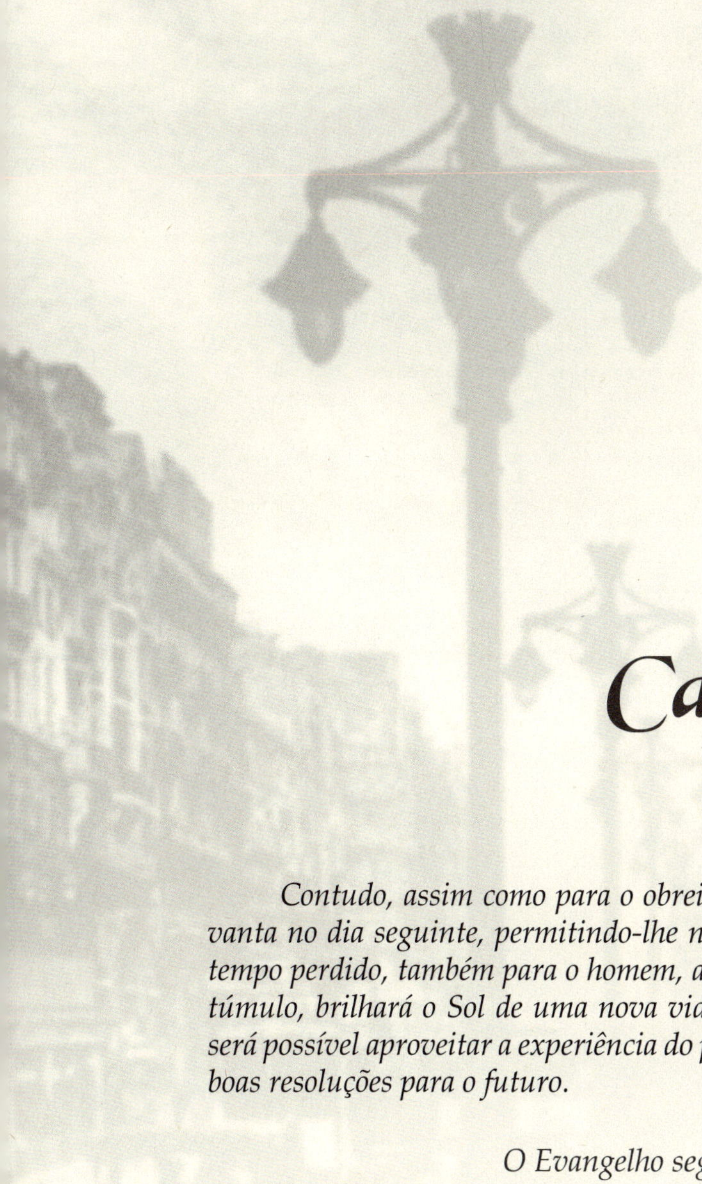

Capítulo 1

Contudo, assim como para o obreiro o Sol se levanta no dia seguinte, permitindo-lhe neste reparar o tempo perdido, também para o homem, após a noite do túmulo, brilhará o Sol de uma nova vida, em que lhe será possível aproveitar a experiência do passado e suas boas resoluções para o futuro.

O Evangelho segundo o Espiritismo
Capítulo 5 – item 5

Um moribundo ao portão

França, século dezenove. O frio e a neve são inclementes na noite invernal da cidade. As ruas estão vazias, todas as casas fechadas, e apenas o ruído intermitente do vento quebra o silêncio do cenário desértico. Impossível imaginar que alguém possa estar ao relento em condições tão adversas.

Talvez por esse motivo, ninguém houvesse prestado atenção ou levado a sério o que parecia ter sido um grunhido de socorro, provindo da parte externa dos portões do velho mosteiro.

Somente na manhã seguinte, com a aproximação de um religioso que retornava de viagem em pequeno cortejo, o moribundo que passara a noite exposto à intempérie foi percebido, amparado e conduzido ao interior das instalações do internato para os devidos cuidados.

Inicialmente, chegou a ser dado como morto, até porque ninguém conseguiu perceber-lhe qualquer sinal vital. Porém, mais tarde, com roupas secas, envolto em grossos cobertores e colocado em um cômodo aquecido pela lareira, sua pele foi readquirindo parte do rubor, a respiração foi se restabelecendo e, horas depois de ter sido resgatado, ele conseguia digerir algumas colheradas da sopa que lhe era ministrada pelas caridosas mãos de um sacerdote.

Somente bem mais tarde, depois de ter sido tratado como indigente, em um atendimento que incluía o corte do cabelo e da barba, chegaram à conclusão de que se tratava de um velho conhecido daquele mosteiro.

Olhando fixamente para aquele rosto envelhecido, o religioso responsável pelo atendimento exclamou surpreso, com a boca escancarada e uma expressão de incredulidade no olhar:

— *Oh, mon Dieu, le poète celeste.*[1]

E saiu em disparada com o objetivo de espalhar a novidade.

---

[1] **— Oh, meu Deus, o poeta celestial.**

Capítulo 2

Sem a humildade, enfeitai-vos de virtudes que não possuis, como se vestísseis um hábito para ocultar as deformidades do corpo. Lembrai-vos daquele que nos salva; lembrai-vos da sua humildade, que o fez tão grande e o elevou acima de todos os profetas.

O Evangelho segundo o Espiritismo
Capítulo 7 – item 11

Três destinos

A vida naquele mosteiro centrava-se no que a igreja chamava "trabalho de Deus", onde eram priorizados os ofícios litúrgicos. As atividades manuais serviam apenas para atender às poucas necessidades fisiológicas, pois os internos eram orientados a ter uma vida extremamente simples, desprovida de qualquer tipo de conforto, partindo do princípio de que a disciplina do corpo promove a ascensão da alma e a coloca em sintonia direta com Deus.

Muitos dos que ali se encontravam foram conduzidos para a vida monástica seguindo supostas aspirações religiosas, mas nem todos conseguiam se adaptar àquela rotina, uma vez que a tal vocação sacerdotal nem sempre era legítima, sendo, em muitos casos, tão somente uma imposição dos pais aos seus filhos, visto que, à época, ter um membro da família usando batina era motivo de grande orgulho.

Gerard era um desses casos. Embora fingisse obedecer às rígidas regras da instituição, não possuía convicções sacerdotais suficientes para submeter-se a elas com a necessária firmeza de conduta. Extremamente perspicaz, conseguia driblar a vigilância do mosteiro e, aproveitando-se da escuridão da noite, imiscuía-se aos transeuntes da cidade, buscando satisfazer os prazeres que o mundo podia lhe oferecer.

Esses prazeres eram encontrados principalmente em companhia de Valéry, jovem descendente de uma família muito rica. Com a morte prematura dos pais, vitimados por uma enfermidade letal contraída durante uma longa viagem de navio, o rapaz herdou imensurável fortuna e dela dispunha como bem queria, sem as rédeas de uma alma sensata a lhe orientar e sem a maturidade suficiente para fazer uso de bom senso e precaução em suas atitudes.

O jovem herdeiro, de gestos bastante efeminados, era amante das artes e se aventurava nos palcos, participando de peças que eram patrocinadas por ele próprio, já que seu talento para a representação beirava à mediocridade. A luxuosa casa em que Valéry residia era famosa pelas festas que realizava com muita frequência, oportunidades em que reunia artistas, comerciantes, políticos e amigos em geral.

***

Difícil saber em que momento da vida Gerard e Valéry se conheceram, mas era também impossível não perceber a imensa afinidade afetiva que os unia. Ambos de traços delicados, rostos bonitos e corpos bem esculpidos, costumavam deixar os convivas fartando-se entre as suntuosas mesas de comes e bebes para se isolarem no aconchegante escritório do anfitrião, em momentos de íntimos diálogos.

— E então, já pensou no que vai me dar de presente de aniversário? - perguntou Valéry, durante um desses encontros, girando entre os dedos uma transbordante taça de champanhe.

Ele era extremamente voluntarioso, acostumado a bajulações de todo tipo. As pessoas praticamente beijavam-lhe os pés, pois ser amigo de Valéry significava ter acesso à ilimitada luxúria de suas festivas reuniões.

Gerard sentiu um aperto no peito. Na verdade, não pensara em nada, nem tinha condições de oferecer algo especial ao companheiro. Aliás, ele não compreendia a razão de Valéry não entender isso.

O outro sabia que ele era o arremedo de um religioso - já que seu comportamento deixava clara a falta de vocação sacerdotal - e que não tinha nada de especial para ofertar. Entretanto, apesar da falta de convicção religiosa, Gerard, assim como os demais internos do mosteiro, havia feito voto de pobreza e vivia em uma miséria de fazer dó.

Porém, um misto de orgulho e desejo de agradar não o permitia admitir tal possibilidade. O jovem aspirante ao sacerdócio lançou um olhar de ternura para o rico herdeiro e falou com fingida convicção:

— Fique tranquilo, meu querido! Vou surpreendê-lo com um presente muito especial. Você verá!

E, a partir daquele momento, não conseguiu mais tirar da cabeça a ideia de oferecer algo realmente grandioso para dar ao amigo.

***

Se houvesse uma palavra para definir a conduta de Hector dentro do mosteiro, essa palavra seria "dedicação". Embora sua vocação sacerdotal também fosse contestada, sua inspiração poética era algo inquestionável. De comportamento sereno e submisso, ele encantava a todos com a grandiloquência de seus versos; escritos desde tenra idade, em uma clara demonstração de talento, inteligência e sensibilidade.

O rapaz fora entregue aos religiosos do mosteiro entre os cinco e seis anos de idade. Até então, estivera sob os cuidados da avó - único parente com quem mantivera um contato mais íntimo - que, doente e sem condições de continuar cuidando dele, recorrera à caridade da igreja para acolhê-lo.

Confinado nas limitadas acomodações do mosteiro, Hector cresceu sem conhecer suas próprias origens, mas também sem se inquietar por esse motivo. O que a vida oferecia lhe bastava. A presença dos "companheiros de fé" supria-o suficientemente e o fazia não dar grande importância ao fato de ser órfão.

Por suas inegáveis qualidades literárias, recebeu carinhosamente a alcunha de "poeta celestial", já que a maioria de seus poemas falava sobre Deus, exortando os leitores à fé, esperança, amor ao próximo, caridade e perdão.

Era bastante comum que, durante os ofícios litúrgicos do mosteiro, fossem lidos os versos escritos por ele, os quais provocavam elevados sentimentos em seus ouvintes, levando às lágrimas os mais sensíveis e despertando naquelas almas a renovação do desejo de servir às causas da igreja pelo viés mais fraternal da doutrina; ou seja, seguindo fielmente as lições proferidas e exemplificadas por Jesus.

E foi justamente durante uma dessas leituras que Gerard, bastante preocupado com a promessa feita ao amigo Valéry, teve um lampejo de inspiração que foi aos poucos ganhando forma em sua mente.

Quando a ideia delineou os contornos finais de um projeto, o rapaz estampava no rosto um sorriso triunfal. Já sabia como dar ao companheiro de farras um presente inesquecível.

Capítulo 3

Se Deus, nos seus desígnios, vos fez nascer num meio onde pudestes desenvolver a vossa inteligência, foi por querer que a usásseis em benefício de todos. Porque é uma missão que Ele vos dá, pondo em vossas mãos o instrumento com o qual podeis desenvolver, ao vosso redor, as inteligências retardatárias e conduzi--las a Deus.

O Evangelho segundo o Espiritismo
Capítulo 7 – item 13

Delicado pedido

Falar com Hector não era tarefa das mais fáceis. Não que o poeta fosse arrogante, prepotente ou algo assim. É que ele vivia como que em um mundo à parte, sempre isolado dos outros, compenetrado em seus pensamentos; como se habitasse por vontade própria uma clausura pessoal dentro da clausura coletiva do mosteiro.

Hector passava boa parte do dia trancafiado na biblioteca, lendo, fazendo anotações e compondo. Falava tão pouco, que muitos dos seus colegas de convivência nunca tinham lhe ouvido a voz. Ainda assim, Gerard, bastante determinado em suas pretensões, deu um jeito de se aproximar dele.

— Bom dia, poeta! - ele cumprimentou, sentando-se ao lado de Hector, fingindo interesse na leitura de um livro que apanhara aleatoriamente em uma das estantes da biblioteca.

O outro retribuiu com um sorriso amável e logo voltou a se concentrar nas anotações que estava fazendo. Gerard ficou por alguns segundos em silêncio e disse a seguir:

— Parabéns pela sua última poesia! Magnífica! Aliás, como tudo o que você escreve.

Percebendo que a intenção dele era provocar um diálogo, Hector parou o que estava fazendo e, com o comportamento educado que lhe era bastante peculiar, respondeu sorrindo:

— Obrigado pelo incentivo, meu irmão! Entretanto, o elogio está direcionado à fonte errada.

— Como assim? - surpreendeu-se Gerard. — Por acaso não é você quem escreve as poesias?

— Sim, sou eu quem as escreve. Mas, convenhamos, escrever é coisa que qualquer pessoa minimamente alfabetizada pode fazer.

— Sim, claro, mas não com o seu talento...

— Ah! - Hector exclamou abrindo ainda mais o sorriso. — Então já não estamos falando de escrita, mas de inspiração.

— E não é a mesma coisa? - o outro perguntou um tanto confuso.

— De forma alguma! - respondeu o poeta. — Se você elogiar a minha caligrafia, eu aceito que o elogio seja direcionado a mim, pois estaremos falando de atributo físico e intelectual. Mas a inspiração não é atributo meu, porém do Universo. O escritor é apenas uma antena que capta as ideias transcendentais e as transmite na forma de escrita, mas não é o detentor das suas faculdades. Prova disso é que nós não ficamos inspirados quando queremos, porém nos momentos mais imprevisíveis.

Gerard o olhou enigmaticamente e Hector, sem deixar de sorrir, prosseguiu:

— A inspiração nos visita com a mesma irregularidade e com a mesma brevidade que os beija-flores visitam os jardins, meu amigo. Por isso, é preciso estar atento para recepcioná-la e aproveitar ao máximo essas esporádicas visitas.

Como Gerard prosseguisse em silêncio, tentando alcançar aquele intrincado raciocínio, o poeta explicou com mais ênfase:

— Veja bem, o que faz a diferença entre a boa arte e a arte medíocre são a sensibilidade e a dedicação que tornam o artista atento e receptivo às projeções universais. Quanto mais suscetíveis à manifestação do Universo, mais preparados estamos para dar forma ao Belo com fidelidade e sutileza.

Todos sabiam que Hector era excêntrico, cheio de ideias estranhas, mas ainda assim Gerard se surpreendeu. Na verdade, nunca havia conversado mais demoradamente com ele e com certeza jamais o teria feito, não fosse pelo interesse em agradar Valéry.

Após mais alguns segundos de silêncio, ele entrou finalmente no assunto que importava:

— Hector, eu não sei bem como lhe dizer, mas estou precisando de um grande favor.

O amigo o olhou fixamente e, assumindo uma postura mais séria, respondeu:

— Estamos aqui para servir, meu irmão! Se lhe posso ser útil, certamente não deixarei de ajudá-lo. Do que necessita?

Gerard baixou os olhos em uma atitude de humildade, possivelmente buscando sensibilizar o poeta.

— Por esses dias, uma pessoa a quem muito prezo fará aniversário. Prometi a ela um presente especial, mas não tenho nada para oferecer. Por isso, pensei na possibilidade de ofertar-lhe uma poesia...

— Que maravilha! - Hector exclamou com sinceridade. — Um poema é uma homenagem inesquecível!

Você quer que eu dê uma olhada? Que opine sobre os seus versos?

Gerard voltou a baixar os olhos em atitude submissa e disse em voz baixa:

— Aí é que está o problema. Eu não tenho a menor vocação para fazer poesia. Queria pedir que você a fizesse para mim.

Aquele pedido não surpreendeu Hector nem um pouco. Não era a primeira vez que lhe faziam semelhante solicitação. A diferença é que nos pedidos anteriores, os versos eram sempre para glorificar ou agradecer a Deus ou a algum santo em particular por uma graça recebida; para o cumprimento de uma promessa por benefícios alcançados. Dessa vez, não. Tratava-se de homenagear uma pessoa cujo relacionamento com quem lhe pedia ajuda era uma incógnita.

Ele podia até ser ingênuo para muitas questões, mas não o era a ponto de não perceber interesses escusos por trás daquela suspeita necessidade de agradar a alguém. Aliás, o constrangimento demonstrado por Gerard desde o momento em que se aproximara da mesa deixava tudo isso muito claro. O livro usado como desculpa para a aproximação nem sequer fora aberto e Hector nunca o tinha visto frequentando a biblioteca.

— Não é assim tão fácil... - o poeta respondeu evasivamente, quebrando o breve silêncio que se instalou entre eles.

Mas, embora sua resposta não fosse positiva, não era também negativa. E foi a essa indeterminação que Gerard se agarrou para tentar convencê-lo. Estava claro que a sensível alma do poeta encontrava sérias dificuldades para dizer não.

— Entenda, meu bom amigo, que é para mim algo muito importante! - Gerard falou em um tom implorativo, olhando nos olhos do amigo, tentando persuadi-lo por todos os meios.

— Por que você mesmo não tenta escrever alguma coisa? Afinal, estará expondo o seu próprio sentimento. Será uma atitude mais legítima e louvável. Eu posso orientá-lo depois, ajudá-lo a melhorar a escrita... - argumentou Hector.

E Gerard balançou a cabeça negativamente, com um sorriso triste nos lábios.

— Não adianta, meu amigo. Eu já tentei. De minhas ideias não sai nada que preste. Além disso, não há mais tanto tempo. O aniversário dessa pessoa é na próxima semana.

Ele segurou no braço do poeta e enfatizou:

— Se você não quiser me atender, eu compreenderei, mas estou implorando que me ajude. Não conheço ninguém na face da terra que possa fazer isso com mais propriedade e talento do que você.

Apesar de ostentar o apelido de "poeta celestial" e de possuir um coração generoso, Hector também tinha muitas imperfeições. Na verdade, era tão somente um Espírito devedor que havia conduzido, com sua persuasiva literatura, muitas almas à porta larga da perdição em outras reencarnações. Agora, tentava, por meio do mesmo ofício da escrita, reparar os estragos causados no passado, despertando na alma de seus companheiros de jornada terrena sentimentos de caridade, amor ao próximo e compaixão.

Naturalmente, a lei do esquecimento não o deixava lembrar-se disso, mas alguma coisa em seu íntimo mostrava-lhe o caminho a seguir, advertindo-o sobre a necessidade de usar o seu talento para fins realmente nobres.

Entretanto, aquela dependência demonstrada por Gerard e os efusivos elogios despertaram sutilmente o gérmen dos sentimentos de orgulho adormecidos em sua natureza íntima. Envaidecido, prometeu que pensaria no caso.

— Olha, meu amigo, vou buscar inspiração para escrever alguma coisa. Se conseguir, eu lhe aviso - disse, encerrando a conversa.

E bastou essa resposta para que Gerard tivesse a certeza de que seria atendido. Não deixou de notar uma sutil contradita no discurso anterior do poeta. Ele havia acabado de afirmar que a inspiração é como um beija-flor que faz visitas esporádicas e inesperadas ao jardim. Agora dizia que iria "buscar" inspiração para escrever o poema encomendado, o que dava um sentido contraditório à sua argumentação: ora, a posição do artista não possuía a passividade e a imobilidade de um jardim, como sugerira?

Mas nada disso importava a Gerard, desde que seu pedido fosse atendido. Em uma atitude de exagerada reverência, pegou as mãos de Hector, levou-as aos lábios e as beijou, demonstrando gratidão e humildade. O poeta sentiu-se ainda mais envaidecido.

Depois, Gerard se levantou e saiu apressado, deixando esquecido sobre a mesa o livro que apanhara na estante e que nem sequer havia aberto. E Hector não conseguiu evitar que uma perigosa sensação de poder lhe inflasse o peito. Começava a descobrir o prazer de se sentir requisitado e importante.

Capítulo 4

O orgulho é o terrível adversário da humildade. Se o Cristo prometeu o Reino dos Céus aos mais pobres, foi porque os grandes da Terra imaginavam que os títulos e as riquezas eram a recompensa de seus méritos, e que a sua essência era mais pura que a do pobre.

O Evangelho segundo o Espiritismo
Capítulo 7 – item 11

Falsa homenagem

Como não conhecia a pessoa a quem o amigo pretendia homenagear, e porque sua natureza discreta não permitira a ousadia de perguntar de quem se tratava, Hector imaginou alguém de sua predileção. Lembrou-se da avozinha, único laço afetivo que marcara positivamente as suas memórias infantis.

Assim, sob o efeito dessa maravilhosa recordação, compôs naquele mesmo dia o verso decassílabo que abriria o belíssimo poema que, enganosamente, seria destinado ao desconhecido homenageado:

"Fonte de luz, de amor, serenidade...".

E sequenciou a escrita dos versos em um ritmo quase febril, sentindo uma intensa vibração de amor em seu coração, recordando-se da imagem delicada da meiga avozinha, cuja lembrança permanecia viva e vibrante em seus pensamentos.

No dia seguinte, entregou a um emocionado e agradecido Gerard a poesia que também o emocionara, reavivando os venturosos momentos vividos em companhia da avó e levando-o a compor um dos mais lindos poemas de sua vida.

***

Na noite do aniversário de Valéry, sua residência estava ainda mais agitada que o normal. Pessoas chegavam o tempo todo, levando-lhe os mais variados tipos de presentes, adulando-o de todas as formas.

À chegada de Gerard, que mais uma vez havia driblado a vigilância do mosteiro, os dois se recolheram como de costume e, mal tendo se separado dos convivas, o aniversariante, dando vazão mais uma vez à sua natureza mimada e vaidosa, estendeu a mão em direção ao amigo e pediu sem cerimônia:

— Dê-me.

Gerard sorriu com ironia.

— Dar-lhe o quê?

Valéry não gostou da reação dele. Olhou-o seriamente e decretou:

— Quero o presente especial que você me prometeu. Se não me entregar agora, pode ir embora.

Gerard então deu as costas, fingiu que ia sair, mas, chegando à porta do aposento, virou-se e, com o poema à mão, escrito em belíssima caligrafia, declamou com voz impostada, enquanto caminhava lentamente em direção do amigo:

"Fonte de luz, de amor, serenidade.
Força motriz que à minha alma aquece..."

E seguiu declamando os versos que foram invadindo as mais íntimas reentrâncias emocionais do aniversariante, conduzindo-o para um universo pouco explorado, extasiando-lhe a alma, levando-o a experimentar um forte sentimento de gratidão e de extrema vaidade.

Que importava se fazia jus àqueles belíssimos versos? Se eles retratavam de fato o que ele era e representava para o mundo? Eram palavras lindas e foram escritas em sua homenagem! Mostrava um lado iluminado de seu ser que nem mesmo ele conseguira identificar até então.

Quando Gerard terminou a declamação, estendeu o papel em direção ao amigo e disse com voz adocicada:

— Este é o presente especial que lhe prometi, meu querido!

Ao pegar o poema, o rico herdeiro, com os olhos banhados de lágrimas, segurou Gerard pelo pulso, puxou-o para perto de si e o beijou demoradamente na face. O rapaz sentiu um êxtase incrível naquele momento e acreditou ter-lhe conquistado para sempre a simpatia.

***

Naquela noite, nada fez mais sucesso durante os festejos de aniversário do anfitrião do que o poema ofertado a ele por Gerard. À medida que a noite transcorria e Valéry ingeria transbordantes taças de alcoólicos, ia se empolgando. Chegou a promover um concurso relâmpago, para ver quem declamava aqueles versos com mais sentimento. Ao vencedor seria ofertado um generoso prêmio em dinheiro.

Oito pessoas se propuseram a tentar a sorte, sendo que a vencedora, segundo julgamento do próprio homenageado, foi Sophie, uma jovem artista plástica, possuidora de relativo talento também para as artes cênicas e que, ao declamar os versos, levou às lágrimas as pessoas mais sensíveis que ali se encontravam.

Sophie ainda não fazia parte do grupo de amigos de Valéry e era a primeira vez que participava daqueles encontros, tendo sido levada por uma amiga que integrava a companhia teatral patrocinada pelo aniversariante.

Porém, a partir daquele momento, ela passou a receber um tratamento todo especial, tornando-se a mais nova protegida de Valéry, que se encantou com a sua sensibilidade.

E a forte amizade que se desenvolveu entre eles foi notada por Gerard e ele não conseguiu evitar que um incômodo sentimento de ciúme o perturbasse, despertando-lhe gratuita antipatia pela jovem.

Sophie era pequenina, possuía olhos vivazes, feições graciosas, e começava a despontar no mundo artístico com suas belíssimas aquarelas.

Capítulo 5

O homem que se exalta a si mesmo, que eleva estátuas à sua própria virtude, em princípio aniquila, por essa única razão, todos os méritos que efetivamente podia ter. E que direi daquele cujo valor se reduz a parecer o que não é?

O Evangelho segundo o Espiritismo
Capítulo 17 – item 8

Desmascarando o embuste

No mosteiro, as escapadelas de Gerard começaram a despertar a atenção dos religiosos. O rapaz percebeu que estava sendo vigiado e foi obrigado a maneirar suas saídas, o que lhe provocou grande inquietação, sabendo que Sophie estava, a cada dia, mais próxima de Valéry.

Somente quase um mês após o aniversário de seu amigo, conseguiu deixar a clausura e ir ao encontro dele, encontrando-o frio e distante.

— O que está havendo? Por que me trata com tanta indiferença? - perguntou Gerard, sentindo-se oprimido pela frieza com que fora recebido.

Valéry o olhou com desdém e respondeu:

— Quem não é visto, não é lembrado!

O rapaz praticamente ajoelhou-se aos pés do amigo.

— Pelo amor de Deus, meu querido! Você sabe que eu vivo em um mosteiro e que sou vigiado o tempo todo. Não posso vir quando quero, mas quando surge uma oportunidade...

— Então abandone aquele lugar, ora bolas! Assuma de uma vez por todas que não tem vocação religiosa e venha aproveitar a vida.

Gerard se encolheu. No fundo, não tinha certeza se queria abandonar o sacerdócio. Muito embora não houvesse sido uma escolha sua, mas uma imposição de seus pais, a vida monástica às vezes lhe parecia boa, sossegada, confortável até.

Entretanto, a forte afetividade que nutria por Valéry e o prazer imenso que sentia participando daquelas festividades faziam-no pensar que realmente estava perdendo tempo, deixando de aproveitar os venturosos anos de sua juventude.

— Eu não posso... - sussurrou sem muita convicção.

— É claro que pode! - gritou o outro. — A vida é sua e você faz dela o que bem quiser. Ninguém pode impedi-lo de ser feliz! Nem seus pais, nem aqueles religiosos moralistas! Nem Deus!

E aquelas palavras ficaram ecoando na mente de Gerard, principalmente as duas últimas:

"Nem Deus!", "Nem Deus!", "Nem Deus!"...

— Será? - ele se perguntava. Será mesmo que Deus não o castigaria por abandonar a vida religiosa?

E, como se tivesse ouvido o seu questionamento, Valéry completou:

— Veja, meu querido, quantas pessoas felizes existem no mundo sem ter qualquer ligação com a vida sacerdotal. Você acha que se Deus condenasse a falta de vocação para o sacerdócio, iria permitir que fossem felizes? Por outro lado, responda-me com sinceridade: todos os religiosos que você conhece são felizes?

E essa pergunta fez que Gerard se lembrasse de todos os sofrimentos que testemunhava dentro do mosteiro. Os velhos padres doentes que viviam gemendo de dor, implorando a Deus que os curasse, sem obter nenhuma graça. E outros que, não suportando os rigores da clausura, acabavam cometendo suicídio.

Então, lhe pareceu que Valéry estava coberto de razão. Se ser religioso fosse uma imposição divina, onde estariam os privilégios concedidos àqueles que seguiam a vontade de Deus?

Percebendo a inquietação de Gerard, o amigo o segurou pelos ombros, olhou firmemente em seus olhos e arrematou:

— Não precisa decidir nada agora. Apenas pense sobre o que conversamos e tome a decisão que achar mais conveniente. Você sabe o que será o seu futuro, se insistir em se manter na vida religiosa. Mas sabe também o que o espera, caso decida abraçar a sua verdadeira vocação, ou seja, a liberdade de conduzir os próprios passos. Desse modo, será dono da sua vida e fará o que bem lhe aprouver.

E, ao dizer isso, Valéry segurou-o pelas mãos e fez que ele o enlaçasse pela cintura. Depois o beijou levemente na testa, nas faces e na ponta do queixo. Gerard ficou paralisado sentindo o perfume suave que se desprendia das vestes luxuosas do amigo.

— Mas eu quero outro poema daqueles - sussurrou Valéry, afastando-se após beijá-lo.

O pedido pegou Gerard de surpresa e o tirou daquele estado de inércia.

— O que disse?

— Quero outro poema. Ou será que só mereço ser homenageado uma vez por ano?

Gerard se afastou, fugindo do olhar inquiridor do amigo.

— Bem... Eu não sei se conseguirei compor outro poema... Foi um raro momento de inspiração...

— Um raro momento? - perguntou Valéry, retomando a aspereza peculiar de sua voz, o que demonstrava claramente a inconstância de sua forte personalidade. — Ou será que aqueles versos não foram compostos por você?

Uma estranha sensação de frio percorreu a espinha dorsal de Gerard. Valéry estaria blefando ou saberia a verdade?

— É claro que fui eu que fiz... - ele gaguejou.

— Ah é? - interrompeu o outro. — Então tome.

E entregou-lhe uma folha de papel.

— Sente-se àquela escrivaninha, use a caneta e o tinteiro que lá estão e me escreva apenas um verso.

Gerard ficou trêmulo.

— Um verso?

— Sim. E já será suficiente para que eu chegue à conclusão de que o poema com que você me homenageou é mesmo de sua autoria.

Sem saída, Gerard sentou-se, apanhou a caneta que ali estava e tentou escrever qualquer coisa, mas não conseguiu. Todas as palavras que lhe vinham à mente eram estúpidas demais para a composição de um verso razoável.

— Esquece isso - disse Valéry, percebendo-lhe a já esperada dificuldade. — Eu sei quem escreveu aquele poema.

— Já sabe? - perguntou Gerard com os olhos arregalados.

Valéry apanhou uns papéis que estavam em uma gaveta e os colocou sobre a escrivaninha.

— Seu companheiro de monastério escreveu o poema. O estilo dele é inconfundível, como podemos observar nessas outras poesias que ele compôs.

Gerard nem precisou folhear os papéis para saber que se tratava de poemas escritos por Hector. Estava lívido.

— Onde conseguiu isto? - perguntou com voz trêmula.

— Uma amiga muito especial me deu de presente.

— Amiga?

— Sim, meu querido. Alguém que tem sensibilidade e sabe apreciar a boa literatura. Ao perceber o meu interesse por poesia, presenteou-me com essas pérolas.

— Sophie? - Gerard perguntou intuitivamente.

Valéry sorriu.

— Ela mesma. A mãe de Sophie é prima de um religioso do mosteiro e ganhou dele essas poesias. Minha amiga trouxe para que eu as lesse. Lendo-as, não pude deixar de perceber a semelhança de estilo com a homenagem que você fingiu me fazer. Levando em consideração o fato de que você e o "poeta celestial" vivem tão próximos, não me restou dúvida de onde saíram os versos que você disse ter escrito.

Gerard meneou e baixou a cabeça. Estava muito constrangido.

— Perdoe-me! - sussurrou com um fio de voz.

Valéry aproximou-se dele, que continuava sentado à escrivaninha, e começou a massagear-lhe os ombros.

— É claro que eu o perdoo, meu querido! Mas preciso saber de um detalhe e quero que você seja muito sincero comigo. Aquele poema foi realmente feito em minha homenagem?

Gerard suspirou aliviado. Percebeu que bastaria uma mentira convincente para voltar a ficar bem com Valéry.

— Sim! - ele respondeu com efusão. — Admito que realmente não compus aqueles versos, mas eles foram feitos em sua homenagem.

Valéry ficou de frente para ele e o encarou quando fez mais uma pergunta:

— E como é que o "poeta celestial" pôde escrever palavras tão elogiosas a meu respeito, se nem me conhece?

Essa era a "deixa" que Gerard esperava para reconquistar a confiança do parceiro.

— Ele se baseou na descrição que eu fiz de você. Veja bem, eu não tenho o talento e a sensibilidade do Hector, mas sei expressar o que verdadeiramente sinto e foi isso que fiz. Os sentimentos contidos naqueles versos retratam o que eu disse ao poeta que sinto por você e, creia-me, são muito verdadeiros.

Gerard disse essas palavras com um tom de voz tão emocionado, que fez Valéry ficar algum tempo em silêncio, talvez tentando se convencer de que o amigo estava sendo sincero. Mas o rico herdeiro era uma pessoa difícil de ser convencida.

— Está bem... Digamos que tudo isso seja verdade. Mas, para perdoá-lo realmente, eu tenho uma exigência a fazer.

Gerard o olhou curioso e inseguro.

— O que você quer?

— Quero conhecer o "poeta celestial". Quero receber em minha casa esse homem tão sensível e talentoso.

O outro se levantou subitamente.

— Impossível!

— Por quê?

— Porque o Hector nunca sai do mosteiro. Ainda mais para vir à sua casa, conhecidamente um lugar de...

— Um lugar de quê? De orgias? De pândegas? - Valéry perguntou com descontrolada irritação.

— Não! Não foi isso que eu quis dizer.

— Pois então complete a frase - desafiou Valéry, com o semblante ainda amarrado.

— De festas... É isso. Um lugar de festas. Essas coisas não combinam com o jeito taciturno do Hector. Ele jamais aceitaria um convite para vir aqui...

Valéry caminhou até a porta do aposento, abriu-a e deu um ultimato:

— Isso é o que vamos ver. Quero que você vá embora agora e só retorne aqui se estiver em companhia do "poeta celestial". Do contrário, continue entocado naquele mosteiro sombrio para todo o sempre e não olhe mais em meu rosto - exagerou de propósito, fazendo irônica mesura à passagem de Gerard.

Capítulo 6

A inteligência é rica em méritos para o futuro, mas com a condição de ser bem empregada. Se todos os homens bem dotados se servissem dela segundo os desígnios de Deus, a tarefa dos Espíritos seria fácil, ao fazerem progredir a humanidade.

O Evangelho segundo o Espiritismo
Capítulo 7 – item 13

O mundo além do muro

Gerard não teve alternativa a não ser se reaproximar de Hector nos dias que se seguiram. Chegou cheio de palavras elogiosas, com um assédio discreto, mas com persuasivas argumentações. Falou de coisas que o poeta mal sabia existirem. Descreveu alegrias e prazeres muito adversos aos do tipo de vida que se levava no mosteiro.

A verdade é que quase todos os jovens que viviam enclausurados eram extremamente carentes e com uma boa dose de melancolia a incomodar a alma. Algo dentro deles ameaçava eclodir o tempo todo, como um tigre enjaulado, instintivamente saudoso da vida selvagem, ou um pássaro preso em uma gaiola, almejando ganhar as alturas.

Natural que não conseguissem identificar o que aquilo representava de fato. Eram inexperientes para muitas circunstâncias da vida. Mas o incômodo estava ali, pulsando dentro de cada um deles, como se estivessem amputados de algum membro, mas não necessariamente de uma parte de sua constituição física. Era algo bem mais profundo e imponderável.

Gerard despertou em Hector a curiosidade ao falar de tudo o que experimentava nas reuniões promovidas por Valéry. Contou-lhe das pessoas alegres e bonitas que frequentavam as festas do rico herdeiro, do luxo e da suntuosidade do ambiente, do sabor indescritível de alimentos e bebidas que eram servidos sem a menor parcimônia.

Hector não fazia ideia do que ocorria com ele ao ouvir todas aquelas novidades, mas estava passando por uma grande provação naquele momento. Havia prometido a si mesmo e a amigos seculares, antes de retomar a vida no corpo físico, que faria bom proveito do talento literário, usado de modo tão equivocado em experiências anteriores. A vida reclusa a que se submetia naquela encarnação era uma forma de protegê-lo de suas próprias fraquezas morais.

Mas a natureza humana é algo extremamente poderoso, principalmente no que se refere à reincidência de atitudes viciosas. A proposta que Gerard fazia despertava seus lamentáveis instintos ulteriores, fazendo-o desejar reviver, ainda que inconscientemente, as ilusórias sensações auferidas no passado. O fato de saber que uma pessoa tão distinta como Valéry fazia questão de conhecê-lo, estimulou sobremodo a sua vaidade.

***

Assim, Hector se deixou conduzir pela vontade de Gerard e, lutando contra todos os alertas de precaução despertados em seu subconsciente, acompanhou-o naquela tresloucada aventura, driblando a vigilância do mosteiro e imiscuindo-se no exuberante e fascinante ambiente de festas e luxúrias.

Chegou à residência de Valéry tímido, introvertido, sentindo-se bastante deslocado. Assim que os viu, o anfitrião abandonou um grupelho com o qual se encontrava em animado diálogo e foi ao encontro dos dois.

— Diabos me mordam se não estou sonhando! - ele exclamou com voz melodiosa, enquanto fazia uma exagerada reverência à frente de Hector. Parte da eloquência de seus gestos era claramente provocada pelo efeito do abuso de alcoólicos.

Valéry cumprimentou Gerard rapidamente e, segurando Hector pela mão, conduziu-o a uma parte mais alta da enorme sala, uma espécie de palco no qual um pianista e uma cantora se apresentavam. Fez sinal para que interrompessem a música e anunciou de modo exagerado:

— Meus amigos! É com muito prazer e honra que recebo hoje em minha residência o mais brilhante poeta de que se tem notícia! Verdadeiro ourives das palavras que vem encantando a todos com o seu talento e a sua sensibilidade especiais. Com vocês, o "poeta celestial"!

Uma salva de palmas explodiu no grande salão. Valéry certamente esperava que Hector fosse dizer alguma coisa, declamar uma poesia ou algo assim, mas o rapaz estava completamente sem ação. Sua capacidade de manipular as palavras restringia-se a escrevê-las.

Hector era demasiadamente tímido e a oratória nunca fora o seu forte. Suas orelhas queimavam, seu estômago revirava-se em contrações involuntárias, as pernas estavam trêmulas e ele não conseguia fazer nada a não ser lançar um sorriso sem graça em direção aos convidados e inclinar-se em discreta mesura.

Algumas pessoas ergueram suas taças e propuseram um brinde ao poeta, o que foi aceito. Gerard se aproximou com duas taças e entregou uma delas a

Hector. Ergueram o brinde ele tomou todo o líquido que ali estava em um só gole. Foi uma das sensações mais agradáveis que sentiu em sua vida até àquele momento. Tratava-se de uma bebida adocicada, saborosa, e que, logo após ser ingerida, provocou-lhe um fascinante estado de embriaguez. O rapaz sentiu-se leve, solto, desinibido e ilusoriamente feliz.

A partir daquele momento, seu ego foi inflado ao extremo. Encantaram-lhe todos os agrados, todos os elogios, todas as benesses recebidas por conta de sua vocação literária, por conta da sensibilidade de sua bajulada e endividada alma de artista.

Contrariamente à atitude de Gerard que, mesmo deslumbrado com aqueles prazeres, tinha um comportamento dúbio, oscilando entre a vida mundana e a vocação monástica, Hector não titubeou. Bastaram aqueles breves momentos de fascínio para que nenhuma dúvida pairasse em seu coração. Decidiu abandonar o mosteiro de uma vez por todas.

Havia experimentado a liberdade, rompido as grades invisíveis da jaula que o mantinha prisioneiro. Não queria voltar ao cativeiro. Era agora a águia que ambicionava a imensidão dos céus; era o tigre que não abria mão da selva imensa a oferecer emoções.

A única coisa que não lhe passava pela cabeça - até porque ele não permitiria que passasse - era se estava preparado para aquela nova etapa de sua vida. Se possuía força suficiente nas asas para ganhar os espaços sem despencar das alturas; se suas garras seriam afiadas o suficiente para que ele não se tornasse uma presa incauta no *hábitat* desconhecido no qual perigosamente se embrenhava.

Não. Nenhum questionamento a esse respeito foi elaborado naquele momento. Quando isso viesse a ocorrer, Hector já teria a resposta e ela seria extremamente negativa. Mas também já seria tarde demais para que ele pudesse tomar qualquer medida preventiva.

Capítulo 7

Muitos, infelizmente, transformaram a inteligência em instrumento de orgulho e de perdição para si mesmos. O homem abusa de sua inteligência, como de todas as suas faculdades, mas não lhe faltam lições, advertindo-o de que uma poderosa mão pode retirar-lhe o que ela mesma lhe deu.

O Evangelho segundo o Espiritismo
Capítulo 7 – item 13

Alegrias do mundo

Contando com a proteção incondicional de Valéry, Hector viu seu mundo se transformar completamente da noite para o dia. De nada adiantaram as advertências de seus superiores e amigos de colegiado. De nada adiantaram também as advertências que se agitavam em seu subconsciente, alertando-o sobre os riscos que corria.

Estar ao lado do rico herdeiro, compartilhando suas alegrias pueris parecia mesmo o melhor caminho. Os dois faziam uma troca aparentemente justa: Valéry o aliciava oferecendo os prazeres mundanos que seu dinheiro podia oferecer e o poeta o supria com sua supostamente nobre presença, com os mimos literários de sua inesgotável inspiração.

A decisão de Hector de trocar a vida reclusa do mosteiro pela residência de Valéry serviu de encorajamento a Gerard que, mesmo contrariando os pais, decidiu seguir o exemplo do amigo. Havia mais de uma razão para que o fizesse. Uma delas era o medo de que a aproximação de Hector abalasse a estrutura da relação entre ele e Valéry.

Gerard era ciumento e inseguro ao extremo. Além disso, conhecia a natureza fugaz de seu companheiro.

Para ele, qualquer pessoa que despertasse o menor interesse em Valéry tornava-se uma potencial ameaça à sua felicidade.

Assim, quando se certificou de que Hector não pretendia mesmo voltar atrás, Gerard também abandonou o mosteiro e finalmente acatou o desejo de seu protetor. Valéry vibrou de contentamento e essa resolução também somou ponto favorável ao poeta. O herdeiro percebeu que a atitude de Hector fora muito importante para a tomada de decisão do outro e o agradeceu por isso.

O abandono da clausura gerou uma inevitável ruptura entre Gerard e sua família, cujos vínculos afetivos já não eram mesmo muito consistentes. Mas ele já não estava preocupado com esse detalhe. E os ex-internos do mosteiro foram acolhidos como órfãos desprotegidos, mas muito valiosos, segundo o entendimento do novo anfitrião.

***

Impossível saber quanto tempo durou o deslumbramento que envolvia Hector e o extasiava a cada nova descoberta, a cada nova emoção, a cada novo prazer físico a ser experimentado por sua alma cada vez mais voraz e sedenta de aventuras.

Ele passou a receber muitas encomendas para compor versos em homenagem a pessoas desconhecidas: fazia-o para o rapaz que estivesse tentando conquistar uma namorada; para a esposa que pretendesse fazer um agrado ao marido; para o galanteador que quisesse reconquistar a amante perdida depois de uma briga...

E o poeta acatava porque, além dos elogios cada vez mais frequentes e que o deixavam muito envaidecido, suas escritas finalmente começaram a gerar retornos financeiros. Os frequentadores da casa de Valéry eram ricos e não economizavam na hora de recompensá-lo, até porque, na maioria das vezes, os objetivos buscados pela proposição da escrita quase sempre eram alcançados.

E a "mercadoria" que Hector tinha a oferecer era cada vez mais valorizada. Receber versos escritos pelo "poeta celestial" tornou-se um raro e especial prêmio, que poucas pessoas tinham o privilégio de receber.

O que ele deixou de notar foi que seus versos já não continham nada de "celestial". As mensagens edificantes, escritas no interior do mosteiro e que falavam dos valores espirituais, ganharam contornos interesseiros, egoísticos, passionais. Em alguns casos, dependendo da negociação financeira, bandeava-se até para o sensualismo, com discretas, porém convincentes, pitadas de conteúdo erótico.

Embora fosse impossível imaginar tal conteúdo em sua literatura nos tempos de reclusão, devido à total inexperiência no assunto, agora as coisas haviam mudado bastante. Deslumbradas com a sua condição quase beatificada de "poeta do céu" e somando a isso a robustez de seu corpo jovem, as mulheres se atiravam aos pés do rapaz com uma volúpia que beirava à loucura.

E as frequentadoras daquelas festas não eram exatamente donzelas puras, recatadas ou ingênuas. Tratavam-se de mulheres fogosas, exuberantes e totalmente liberais. Algumas delas confessavam uma paixão avassaladora por ele e se propunham a fazer qualquer sacrifício pela exclusividade de suas atenções, mas isso era impossível, pois na condição de protegido de Valéry, Hector cumpria fielmente as suas ordens, e o anfitrião o considerava uma joia rara demais para ser retirada de seu domínio.

Quando percebia um "ataque" mais exacerbado por parte de uma de suas amigas, Valéry tratava de se intrometer entre eles. Algumas dessas intromissões terminavam em acirradas discussões com trocas de acusações grotescas e rompimentos de antigas amizades.

De vez em quando Hector era alertado sobre a possessão que Valéry exercia sobre ele:

— Cuidado com a ciumeira desse rapaz - preveniam-no. — Isso pode acabar muito mal.

Mas o poeta não percebia maldade alguma nas atitudes do outro. Até porque, a seu ver, Valéry jamais havia faltado ao respeito com ele. Hector via as atitudes de seu protetor apenas como a manifestação do carinho de um amigo que prezava a sua companhia e fazia de tudo para garantir o seu bem-estar.

***

Além das quase inocentes reuniões realizadas por Valéry, ele promovia periodicamente um baile de máscaras com intenções bem mais maliciosas. Desses encontros tomavam parte apenas os convidados mais íntimos e ali não havia regras ou pudores. Praticamente tudo era permitido. Os eventos aconteciam em um grande salão de festas localizado em recanto discreto da residência e era usado apenas para esse fim.

Assim, não demorou muito para que dentre os muitos prazeres experimentados por Hector, a sensualidade desenfreada passasse a fazer parte de seu universo. E ele chafurdou naquele submundo ao mesmo tempo fascinante e decadente.

De vez em quando, *flashes* de sobriedade eram lançados em seu campo mental, despertando sentimentos que o afligiam pelas advertências que tentavam inserir em sua consciência.

Nesses momentos, Hector era assaltado por um mal-estar imenso e fugia da realidade pelo caminho que julgava mais fácil: o da embriaguez. E sua intimidade com o álcool foi se estreitando a cada dia. Tornou-se bastante comum que ele dormisse, acordasse e passasse o dia inteiro completamente bêbado.

Aliás, tornou-se tão dependente do álcool que, pouco tempo depois de ter abandonado o mosteiro, ele só conseguia escrever se estivesse sob o efeito de vinho. Mas não se dava conta disso, porque as mudanças ocorriam dentro de um processo lento e progressivo.

As pessoas à sua volta também não deviam notar ou, se notavam, não se importavam com esse detalhe. A maioria delas também bebia bastante. Além disso, era comum que o presenteassem com garrafas e mais garrafas de vinho a fim de que ele continuasse a escrever aqueles versos que, apesar de bem redigidos, possuíam conteúdos cada vez mais deprimentes, luxuriosos e superficiais, afastando-se gradualmente dos nobres objetivos inicialmente propostos.

Capítulo 8

Vós que compreendeis a vida espiritual, escutai as pulsações de vosso coração, chamando esses entes queridos. E se pedirdes a Deus para os abençoar, sentireis em vós mesmos a consolação poderosa que faz secarem as lágrimas, e essas aspirações sedutoras, que vos mostram o futuro prometido pelo soberano Senhor.

O Evangelho segundo o Espiritismo
Capítulo 5 – item 21

Conforto das palavras

Na noite em que Hector esteve pela primeira vez na casa de Valéry, o anfitrião fizera questão de apresentar-lhe Sophie, dizendo que se tratava de uma amiga muito especial. Mas a jovem, embora houvesse causado uma ótima impressão ao poeta por sua sensibilidade e simpatia, foi apenas mais uma das inúmeras pessoas que ele conhecera naquela ocasião.

Somente meses depois ocorreria um novo encontro entre eles. Hector estava no jardim, onde costumava se acomodar sob um frondoso *flamboyant*, lugar onde Valéry mandara instalar um coreto com uma mesa fixa e confortáveis poltronas para que ele pudesse escrever.

O rico herdeiro não só fazia questão de manter Hector como eterno hóspede em sua casa, como tratava de providenciar tudo o que fosse necessário para que a estada do poeta ali fosse a mais agradável possível.

Nos dias de temperatura amena, era à sombra daquela árvore que Hector recebia os visitantes que, por algum motivo, quisessem falar com ele. Geralmente, quem o procurava tinha por objetivo contratar seus préstimos literários.

Por essa ocasião, Hector andava bastante empolgado, pois Valéry havia prometido patrocinar a edição do seu primeiro livro de poesias. Publicar um livro àquela época era uma tarefa extremamente penosa. Poucas pessoas podiam se dar ao luxo de fazê-lo. Por isso a proposta inseriu uma grande esperança em sua alma: a possibilidade de se tornar um escritor famoso e, quem sabe, até enriquecer com a literatura.

Não era tarefa das mais fáceis, mas Hector estava cada vez mais convencido da grandiosidade do seu talento e se dava ao luxo de sonhar com um futuro promissor.

Devido à necessidade de preparar o livro, ele andava compondo com certa regularidade, o que exigia também generosas doses de vinho, pois estava convencido de que sem o efeito da bebida, a qualidade da inspiração ficava comprometida.

Esquecia-se completamente de que nos tempos de sobriedade no mosteiro, os versos que tanto encantavam as pessoas eram escritos sem qualquer artifício, exigindo-lhe apenas concentração e isolamento. Mas isso pertencia a um passado que cada vez mais se distanciava de sua nova realidade.

***

Naquela agradável manhã de verão, Sophie aproximou-se cerimoniosa e o cumprimentou:

— Bom dia, poeta! Espero que minha presença não o incomode...

— Bom dia, Sophie! - ele respondeu amavelmente. — Além de não atrapalhar, ainda torna mais agradável o meu dia.

— Lisonjeiro como todo poeta - ela falou sorrindo.

Hector levantou-se e puxou a cadeira ao lado da sua para que ela pudesse se sentar. Sophie estava sorridente, porém pareceu triste.

— Desculpe a indiscrição, mas não faz tanto tempo que nos conhecemos. Entretanto, a impressão que tenho é a de que você está bastante mudada.

Ela suspirou com desânimo.

— Quer dizer que envelheci demais nesse período, não é? Estou realmente acabada...

— De forma alguma! - Hector apressou-se em corrigi-la. — Sua beleza e juventude em nada foram afetadas. Eu falei apenas em "mudança" e, cá entre nós, nem toda mudança é para pior. No seu caso, certamente não o foi.

Sophie o olhou demoradamente e ele percebeu que os olhos dela estavam lacrimejando.

— Estive lutando contra a morte, acredita? - ela comentou com voz apagada.

O poeta contraiu levemente a fronte.

— Você esteve doente?

— Eu não. Minha mãe esteve - Sophie respondeu com voz lamuriosa.

Aquilo deixou Hector encabulado. Ele percebeu que o assunto era bastante delicado.

— Sinto muito... - disse oferecendo-lhe um lenço, pois Sophie agora chorava abertamente.

— Passei longo período me dedicando a ela. Percorremos vários hospitais em cidades diferentes, minha mãe foi submetida a tratamentos especializados, mas de nada adiantou. Tudo o que conseguimos foi apenas adiar a sua morte.

Hector permaneceu alguns segundos sem ação. Depois, timidamente enlaçou-a pelo pescoço. Ela apoiou a cabeça em seu ombro e falou entre soluços:

— Ah, poeta! Como é triste perder quem a gente ama...

E ficaram por um tempo naquele aconchego. Ele gostou de aspirar o suave perfume que se projetava dos cabelos sedosos dela. Somente os soluços de Sophie e o chilreio de uns passarinhos entre os canteiros de flores quebravam o silêncio do jardim.

— Estou sozinha no mundo... - ela lamuriou longo tempo depois.

Apesar da transformação que lhe ocorrera naquele período, Hector percebeu que sua sensível alma de poeta continuava tão compassiva quanto antes. A fragilidade demonstrada por Sophie tocou-lhe profundamente e ele não conseguiu evitar que discretas lágrimas de solidariedade umedecessem-lhe os olhos.

Ela notou a reação dele e, como se pedisse desculpas por fazê-lo sofrer, forçou um leve sorriso que contrastava com as lágrimas que lhe encharcavam as retinas.

— Sabe, poeta, resta-me o consolo de saber que minha mãe acreditava na vida pós-túmulo. Em vários instantes de seu sofrimento, ela me disse que não estava padecendo em vão. Disse que a recompensa para os que aceitam a dor com resignação e fé em Deus a esperava no plano do Espírito.

Hector ficou analisando aquelas palavras. Onde a mãe de Sophie teria se apoiado para conceber aquelas convicções? E foi aí que a explicação de Sophie o surpreendeu:

— Devemos a você, "poeta celestial", esse conforto maravilhoso que tanto ajudou minha mãe a superar a dolorosa passagem e inseriu em meu coração a certeza de que ela não está perdida para sempre; de que o amor que nos une permanece intacto; de que a vida não se extingue com a decomposição do corpo físico.

Ele a encarou confuso e curioso. Porém, antes que perguntasse qualquer coisa, Sophie prosseguiu:

— Minha mãe era uma leitora ardorosa dos seus versos. Um primo dela vive no mosteiro e a presenteou com várias poesias suas. Principalmente quando soube que mamãe tinha uma doença terminal. Foi a forma que ele encontrou de fortalecê-la para encarar o sofrimento físico que a aguardava. Vim aqui para agradecê-lo pelo imenso bem que as suas mensagens fizeram a ela e a mim.

Ouvindo aquelas palavras, Hector custava a acreditar que Sophie realmente estivesse falando dos seus versos. A verdade é que, muitas daquelas poesias, mesmo tendo sido escritas por ele, nunca foram apreciadas com a devida atenção.

***

Ainda com a voz chorosa e os olhos lacrimejantes, Sophie começou a declamar um soneto que havia decorado. Hector já nem se lembrava mais daqueles versos. Aliás, havia esquecido praticamente tudo o que escrevera nos tempos do mosteiro.

A vida é muito mais que um sopro apenas;
é força inexorável e imortal;
magnífica energia universal
sobrepujando lágrimas e penas...

A vida é mais que o dote material
de fúteis alegrias tão pequenas;
são luzes resplendentes e serenas
de imorredouro ser espiritual.

E o soneto traçava um roteiro que sugeria a vida após a morte do corpo físico não como um sono profundo e improdutivo, à espera do julgamento final, mas em ambiente dinâmico, propício à evolução da criatura:

Jamais pense encontrar na sepultura
o fim dessa magnífica estrutura
de amor indestrutível construída...

A alma é uma semente eternizada
que quando à cova fria for lançada,
em vez de morte, encontrará só vida!

E Sophie declamou esses últimos versos com os lábios trêmulos e o olhar voltado para o alto, como se buscasse ali, no firmamento etéreo - e não sob a aspereza da terra fria - a imagem tão amada da genitora recém-falecida.

A verdade é que nem todas as poesias que Hector compunha eram lidas e distribuídas nas liturgias. Algumas, apesar de bem escritas, falavam das leis universais de um modo que confrontava os dogmas do catolicismo. Esses versos, depois de analisados pelos dirigentes do mosteiro, eram incinerados, com a justificativa de que não possuíam a mesma qualidade literária dos demais.

— Não existe perfeição no mundo - diziam os austeros religiosos. — Até os mais talentosos pensadores cometem equívocos de vez em quando, comprometendo a lisura de sua obra.

E, com a desculpa de que cabia à igreja preservar as virtudes essenciais da boa escrita do "poeta celestial", as mensagens que ele escrevia eram submetidas a severo ato de censura; preservava-se o que fosse considerado "trigo" e o que era tido como "joio" lançava-se ao fogo.

O soneto que Sophie declamou fora considerado um verdadeiro espinheiro entre a boa semente e, inexoravelmente, condenado à extinção. Ocorre que o primo de sua mãe era justamente o religioso encarregado de incinerar as escritas censuradas. Mas, antes de queimá-las, ele as lia. Aliás, não só lia como absorvia as mensagens ali contidas e não via nelas nenhuma absurdidade, pois era um homem de mente aberta, suscetível a acolher novos conceitos.

Quando soube que a prima era portadora de grave doença, e nutrindo por ela imensa consideração, o parente religioso decidiu presenteá-la com aqueles versos que falavam da sequência da vida em um plano espiritual muito mais promissor e esperançoso do que o céu e o inferno sugeridos pela igreja católica. Assim, em vez de incinerá-los, ele os escondia e na primeira oportunidade entregava-os à mulher.

Ouvindo Sophie declamar a sua própria poesia naquele momento tão diferenciado da vida, fortíssima inquietação se apoderou da alma do poeta. Uma angústia imensa o envolveu de tal forma, que nem o efeito de inúmeras taças de vinho que sorveu com sofreguidão naquele dia conseguiu tirá-lo do estado de profunda depressão em que mergulhou.

Sua vida seguia pela contramão daquilo que ele próprio escrevera e que tinha por objetivo conscientizar as pessoas sobre a efemeridade das alegrias materiais. O conteúdo das mensagens - que ele atribuíra no passado à ação magnânima do Universo, somada à sua sensibilidade de poeta e não à mera capacidade intelectual - servia perfeitamente como um alerta às atitudes agora praticadas. Mas ele não se dava conta de nada; apenas sentia aquela angústia, aquele vazio existencial a remoer-lhe as entranhas.

Nessa nova fase, a soberba, o orgulho e a vaidade falavam mais alto aos seus ouvidos. As conquistas espirituais ocupavam um espaço cada vez menor em sua vida. Hector andava de braços dados com a luxúria, caindo novamente no abismo da devassidão vivenciada em antigas experiências encarnatórias, cujos efeitos desastrosos seguiam registrados em seu subconsciente, poluindo seu campo mental, mas alertando-o para todos os riscos que corria sem se atentar para eles.

Capítulo 9

Sede felizes no quadro das necessidades humanas, mas que na vossa felicidade não entre jamais um pensamento ou um ato que possa ofender a Deus, ou fazer que se vele a face dos que vos amam e vos dirigem.

O Evangelho segundo o Espiritismo
Capítulo 17 – item 10

Equivocado convite

Apesar da inquietação que o envolveu a partir daquele encontro, um forte sentimento de afeto se desenvolveu gradativamente entre Hector e Sophie. Sendo muito querida por Valéry, a moça tinha livre acesso à casa dele. Assim, passaram a se encontrar quase todos os dias e suas conversas giravam sempre em torno de filosofia, literatura e arte em geral.

Sophie se mostrou uma pessoa culta, com admirável conhecimento no campo das artes, o que fez aumentar ainda mais o interesse de Hector por ela. Desde que abandonara o mosteiro, ele ainda não havia encontrado alguém com quem pudesse se aprofundar naqueles temas com os quais mantivera estreita relação desde a adolescência, pesquisando o vasto arquivo da biblioteca.

Valéry os observava a distância, talvez prevendo que algo mais profundo pudesse ocorrer entre eles. Entretanto, parecia não se preocupar muito com isso, pois julgava Sophie uma mocinha insossa, sem atrativos físicos que, a seu ver, pudessem seduzir o poeta.

Realmente, comparada à elegância e aos atributos pessoais da maioria das mulheres que frequentava a residência, e a cujos ataques Hector havia resistido, Sophie parecia mesmo bem desenxabida. Vestia-se com simplicidade, não usava maquiagem e não fazia a menor questão de parecer sensual ou sedutora.

Mas a sua presença era provida de uma sutil, porém perceptível aura de tranquilidade tão intensa, que conduzia a alma confusa de Hector para um mar de calmaria e brandura, o que o deixava encantado. Era um sentimento único, diferente de tudo o que havia experimentado até então. Ele seria capaz de passar horas ouvindo a voz dela, olhando aqueles olhinhos miúdos e brilhantes, como duas estrelinhas que projetassem luz própria, sem se cansar de admirá-la.

Junto de Sophie, esquecia-se do vinho e de toda a inquietação interior que andava lhe consumindo. Mantinha-se sóbrio e voltava a se sentir em paz. Mas ele não sabia o que aquilo representava. Não conhecia ainda os sintomas de um afeto verdadeiro. Tudo em sua vida era muito teórico em termos de sentimento.

Por isso, a proximidade de Sophie, embora tão positiva, não foi suficiente para fazê-lo abandonar em definitivo os vícios adquiridos no período que antecedeu aquele reencontro. Em sua ausência, Hector continuou bebendo com exagero e participando ativamente dos bailes de máscaras, onde sua presença era sempre requisitada por Valéry, Gerard e principalmente pelas mulheres que deles participavam.

Ele que antes de deixar o mosteiro jamais havia se aproximado de uma mulher e que passara a se relacionar promiscuamente com as frequentadoras das festas de Valéry, criou uma imagem bastante equivocada a respeito da natureza feminina. Assim, quando sentia aquele rebuliço interior no momento em que seu olhar mergulhava nos olhos de Sophie, o pensamento que lhe passava pela cabeça era sempre relacionado à sensualidade.

Precisou fazer um esforço sobre-humano para não se exceder, quando, em uma atitude espontânea e até mesmo ingênua, ela fez uma carícia em seu rosto com o dorso de sua delicada mão. A sensação que Hector experimentou naquele momento foi algo inusitado. Pela primeira vez seu coração bateu em um ritmo diferente por causa de uma mulher. Abraçou-a desajeitadamente e trocaram um rápido beijo.

Quando, movido pela prática adquirida nas festas de Valéry, o poeta tentou abraçá-la com mais ímpeto, Sophie se esquivou e saiu em passos apressados, deixando-o pensativo e desapontado. Era a primeira vez que alguém se recusava a ceder ao seu avanço e ele simplesmente não entendeu nada.

***

Hector ficou intrigado com o ocorrido, mas não comentou nada sobre aquilo. Algo lhe dizia para ser discreto e prudente, mas a vontade de voltar a ver Sophie cresceu sobremaneira. Quando ela reapareceu, dias depois, ele não conseguiu disfarçar a ansiedade.

— Olá, sumida! - disse abraçando-a, sentindo um calorzinho gostoso dentro do peito. — Senti saudades.

— Andei muito atarefada, pintando uns quadros para uma importante exposição - ela respondeu sorrindo.

Sentaram-se no lugar de sempre, sob o *flamboyant*, e Sophie contou que havia sido convidada a expor seus quadros em uma importante galeria.

— Valéry me apresentou um excelente *marchand*[2], amigo dele, que vai me ajudar a tornar minhas obras conhecidas - completou visivelmente animada. Disse ainda que estava feliz, mas cheia de trabalho para fazer.

Hector, apesar de ter se alegrado com a novidade, não prestou muita atenção aos detalhes da conversa. Estava com um pensamento fixo desde o último encontro e, assim que Sophie silenciou, ele disse:

— Quero que você venha participar de uma reunião muito especial que Valéry fará amanhã à noite.

— Reunião especial? Que tipo de reunião? - ela perguntou curiosa.

— Chama-se baile de máscaras.

— Máscaras? Quer dizer que as pessoas ficam mascaradas nesse encontro? - e Sophie começou a rir, fazendo-o rir também.

— Não é obrigatório, mas é bem divertido!

— Hummm... Não sei, não - ela respondeu, fazendo uma leve careta. — Isso me parece um pouco suspeito.

Ele a segurou pelos ombros, olhou-a nos olhos para passar confiança e disse:

— Confie em mim. Você vai adorar. É uma reunião festiva muito animada e alegre.

Sophie não estava totalmente convencida, mas duas coisas a fizeram aceitar o convite: estava curiosa para saber a que tipo de reunião Hector se referia e aprendera a gostar da companhia dele.

— Vou pensar no assunto - ela respondeu piscando o olho, mas já estava decidida a aceitar.

---

[2] **Profissional que negocia obras de arte.**

Sophie não se demorou muito e foi embora dizendo que precisava retomar os trabalhos. Hector ficou ansioso para que o tempo passasse logo, a fim de que pudessem se reencontrar o mais rápido possível. Intimamente, fazia planos inconfessáveis para o dia seguinte.

Capítulo 10

A verdadeira pureza não está apenas nos atos, mas também no pensamento, pois aquele que tem o coração puro nem sequer pensa no mal. Foi isso que Jesus quis dizer, condenando o pecado, mesmo em pensamento, porque ele é um sinal de impureza.

O Evangelho segundo o Espiritismo
Capítulo 8 – item 6

Alegrias do afeto

Hector passou o dia todo esperando, mas Sophie só chegou à noite. A festa já havia se iniciado, quando ele recebeu discreto recado de que ela estava tendo problemas para entrar na casa. Durante os bailes de máscaras, Valéry dava ordens aos seguranças para só deixarem entrar na residência as pessoas devidamente credenciadas.

Hector saiu discretamente, foi ao encontro da moça e convenceu os seguranças a deixá-la entrar. Ele dispunha de privilégios também junto aos empregados da casa, que lhe dispensavam grande admiração.

Sophie estava tão ansiosa, que mal o cumprimentou, possivelmente já prevendo com o que iria se deparar. Antes de adentrarem o grande salão de festas, ela estrategicamente colocou uma máscara, mas acabou nem entrando. Da porta, já conseguira ver o suficiente para levar um choque. Deparou-se com homens e mulheres protagonizando cenas escandalosas, estirados em poltronas e até mesmo sobre os tapetes do salão. Alguns deles só não estavam completamente nus porque usavam as tais máscaras.

Nesses encontros, Valéry costumava se vestir com roupas femininas, falava com voz bem aguda e dançava de modo escandalosamente sensual com Gerard. A música alta e o consumo exagerado de alcoólicos ampliavam sobremodo a atmosfera de libertinagem do ambiente.

— Mas o que é isto? - Sophie perguntou, encarando Hector.

— Uma reunião íntima - ele respondeu com naturalidade. — Exatamente como eu lhe falei.

— Reunião? Isto aqui é uma orgia, uma tremenda falta de vergonha! - ela respondeu revoltada, deu meia-volta e saiu correndo.

Hector foi atrás dela. Por sorte aquela movimentação ocorrera em um tempo tão curto, que passara despercebida. No jardim, Sophie arrancou a máscara e a jogou longe. O poeta conseguiu alcançá-la, puxou-a pelo braço e viu que ela estava chorando.

— O que houve? - indagou sem nada entender.

— E você ainda pergunta, Hector? Acha que é natural convidar uma moça decente para participar de uma orgia dessas? - secou os olhos com o dorso da mão e assumiu uma postura agressiva. — Quanta decepção, senhor poeta!

— Mas... Mas... Desculpe... Achei que você fosse gostar... - ele disse gaguejando.

Só então Sophie percebeu o quanto havia de inocência em seu comportamento. Notou que não fora por malícia que Hector a levara àquele ambiente, mas por ingenuidade. Naquele momento, o sentimento de indignação foi substituído por piedade.

— Meu Deus, Hector, você jura que não sabe o que está acontecendo aqui?

Ele a olhou confuso. Parecia uma criança flagrada em meio à travessura. Sua resposta foi outra pergunta:

— Do que você está falando, afinal, Sophie?

Ela meneou a cabeça e estendeu o braço.

— Como você está perdido, Hector! Vamos sair daqui agora mesmo, por favor!

O rapaz queria muito ir com ela, mas sabia que Valéry, Gerard e os convidados o esperavam como sempre. Não sabia exatamente por que, mas era muito importante para eles que Hector participasse de tudo aquilo. Porém havia um tipo de magia nas palavras e no olhar de Sophie que o atraía naquele momento.

— Vamos? - ela insistiu com o braço estendido, oferecendo-lhe a mão.

Hector não se sentia à vontade para sair sem a permissão de Valéry. Mantinha ainda o costume da clausura, onde pedia permissão para praticamente tudo o que fazia. Ali também ele não fazia nada sem o consentimento do seu protetor.

Percebendo-lhe a dúvida, Sophie recolheu o braço.

— Está bem! Vá para junto dos seus amigos. Eu vou embora sozinha.

Disse isso e foi se afastando em direção ao portão. O poeta ficou olhando enquanto Sophie se retirava e sentiu uma vontade imensa de acompanhá-la. Quando ela já estava quase saindo, correu ao alcance dela.

— Espere! Espere, Sophie! Eu vou com você.

***

Caminharam em silêncio pelas ruas mal iluminadas da cidade. Hector não sabia para onde seguiam, mas se deixou conduzir. O estranho sentimento que andava lhe rondando a alma pareceu intensificar-se naquele momento. Ele se sentia tomado por uma emoção indefinível, algo que o incomodava e que ao mesmo tempo o deixava aliviado por acompanhá-la.

Alguns quarteirões à frente, entraram em uma estreita viela. Quase ao final dela, Sophie o convidou para subir as escadarias de um antigo sobrado. Ao fim da subida, ela destrancou a porta de um pequeno apartamento e os dois entraram.

O lugar era diminuto e desorganizado, mas, apesar disso, aconchegante. Hector percebeu que, além de moradia, servia também de ateliê, pois vários quadros estavam distribuídos pelo cômodo, sendo que alguns deles, ainda inacabados, encontravam-se presos aos cavaletes.

Não pôde deixar de admirar aquelas pinturas, a maioria retratando a natureza. Paisagens de praças e jardins, onde, além de árvores e flores, destacavam-se crianças, pássaros, cachorros e gatos. Havia uma sutileza encantadora naquelas aquarelas.

Sentaram-se na única poltrona que havia no cômodo e finalmente tiveram uma longa e esclarecedora conversa. Sophie explicou que as mulheres não eram todas iguais e que nem todas gostavam de participar daquele tipo de encontro realizado na casa de Valéry.

— Muitas daquelas mulheres são meretrizes - ela explicou. — São mulheres que recebem dinheiro para fazer o que fazem. São profissionais do sexo.

— Então elas não fazem por prazer? - o rapaz questionou ingenuamente. De fato, ele não fazia a menor ideia sobre o que estava por trás de toda aquela aparente alegria e animação.

— Garanto a você que a maioria delas não participaria dessas reuniões, se encontrasse um meio mais honroso de ganhar a vida - Sophie aclarou com ênfase, cada vez mais convencida de que a ingenuidade do poeta beirava o absurdo.

Parecia uma explicação patética que ela fazia, mas esclarecer que as mulheres não são todas iguais e que não partilham os mesmos gostos fazia uma grande diferença na concepção de Hector. De repente, olhando para Sophie, ele percebeu o quanto havia de diferença entre ela e as frequentadoras dos bailes de máscaras.

Em seus estudos, enquanto estava no mosteiro, ele adquirira vasto conhecimento sobre as relações humanas, mas tudo se resumia ao abstrato mundo de uma literatura erudita e convencional, que subjetivamente funcionava, mas em termos de vida concreta confundia mais do que explicava.

— Não que eu seja puritana - Sophie prosseguiu, percebendo o grande interesse de Hector por aquele aprendizado. — Mas só me envolvo com um homem quando o meu coração pede, e isso ocorreu pouquíssimas vezes em minha vida. Depois que minha mãe adoeceu e, principalmente depois de sua morte, eu não encontrei ninguém que me despertasse qualquer sentimento consistente. Ninguém a quem valesse a pena me entregar de corpo e alma.

Ele a ouvia com atenção e o sentimento que pulsava em seu peito parecia se ampliar a cada palavra. Mas, mesmo ouvindo atentamente o que ela dizia, Hector continuava confuso e preocupado com a reação dos seus amigos por causa da sua ausência naquela noite, no baile de máscaras.

— Mas não posso negar que você, poeta, de algum modo me enfeitiçou - Sophie prosseguiu. — É claro que fiquei bastante decepcionada ao ver o tipo de relacionamento que você está acostumado a ter. Por outro lado, sei também que você se deixou levar pelos argumentos libertinos de Valéry. Que participou daquilo pensando ser uma coisa normal. Mas, entenda de uma vez por todas, não é!

E à medida que falava, ela foi se aproximando dele e, de uma forma carinhosa, segurou em suas mãos e o envolveu amorosamente, olhando-o nos olhos. Hector foi tomado por uma emoção imensa, seu coração entrou em descompasso e suas pernas ficaram trêmulas. Ele não fazia ideia do que estava acontecendo, mas percebeu que já não tinha o menor controle sobre a situação. Sophie encostou seus lábios úmidos aos dele. O poeta fechou os olhos e se entregou inteiramente àquele prazeroso momento que marcaria a sua vida de forma definitiva.

Naquela noite, descobriu algo muito mais profundo do que a sensualidade instintiva que experimentava nas reuniões luxuriosas promovidas por Valéry. Sentiu-se aquecido e aconchegado como nunca o fora. De repente, a pequena silhueta de Sophie passou a ter uma gigantesca importância para Hector e tudo o que ele queria agora era permanecer ao lado dela.

Capítulo 11

Será então que, compreendendo a lei do amor, que une a todos os seres, nela buscareis os suaves prazeres da alma, que são o prelúdio das alegrias celestes.

O Evangelho segundo o Espiritismo
Capítulo 11 – item 8

Desabafos do coração

Os dois ficaram enleados na pequena poltrona que Sophie usava também como cama. Passaram a noite toda conversando, sem que o sono os incomodasse. Quanto mais conversava com ela, mais vontade Hector tinha de se abrir, de falar das coisas que estavam aprisionadas em sua alma e sobre as quais nunca havia refletido.

— Não sei quem foram meus pais. Lembro-me apenas de ter vivido com uma senhorinha muito amorosa que dizia ser minha avó. Mas foi uma convivência muito curta e eu nem tenho certeza de que ela era realmente parente consanguínea. Ainda muito novinho fui entregue aos religiosos do mosteiro e vivi enclausurado até aquela noite em que fomos apresentados na casa do Valéry - ele desabafou com voz pausada.

— Você ainda se lembra de sua avó? - ela perguntou comovida com o emocionado relato.

— É a única lembrança de minha infância que se mantém viva em minha memória - Hector respondeu. — Vivíamos em um casebre rústico, nos arredores da cidade e quase não tínhamos o que comer. No inverno, eu sentia muito frio. Minha avó me enrolava em uns trapos e dormia abraçada comigo, para me aquecer com seu próprio corpo.

As lembranças dos tempos da infância o deixaram realmente nostálgico e o encheram de questionamentos. Por onde andaria sua avozinha? Teria morrido? Viveria ainda naquela cidade?

Lembrando-se dos versos que havia escrito a pedido de Gerard, ele disse:

— Acredita que eu até compus um poema para ela?

Sophie abriu um largo sorriso que fez iluminar ainda mais os seus olhos umedecidos pela emoção.

— É mesmo? E você se lembra dele?

Hector forçou a memória e começou a declamar os fragmentos de palavras que iam aflorando aos poucos:

"Fonte de luz, de amor, serenidade.
Força motriz que à minha alma aquece..."

Quando terminou a declamação, Sophie comentou:

— Espere! Eu conheço este poema. Declamei-o no aniversário do Valéry e todos nós acreditamos que era uma homenagem a ele.

Sua observação pegou Hector de surpresa. Ele nem se lembrava mais daquele detalhe. Aliás, não sabia também que Sophie conhecia o poema. Então não teve alternativa a não ser contar a verdade:

— Não. Esses versos não foram compostos para ele, até porque eu nem o conhecia. Na verdade, nem sabia quem era a pessoa a ser homenageada. Compus o poema a pedido do Gerard, mas quem me inspirou para compô-lo foi minha avó.

— Faz muito mais sentido - ela disse. — Impossível imaginar uma pessoa sensível como você expressando um sentimento tão puro por alguém frívolo como o Valéry. Sabe, Hector, eu até o achava divertido e bondoso, apesar de todo aquele espalhafato. Mas, depois do que presenciei nesta noite, minha opinião a respeito dele mudou muito. Não consigo aceitar de coração aberto uma pessoa que promove aquele tipo de orgia em sua própria casa, como se fosse a coisa mais natural do mundo.

Percebendo que o assunto deixava o poeta constrangido, ela mudou o tom de voz e o rumo da conversa.

— Mas que sentimento lindo você nutre por sua avó! Espero um dia poder também ocupar um lugar assim, tão especial em seu coração.

E voltaram a se abraçar calorosamente. Na verdade, um já ocupava posição afetiva muito importante no coração do outro. Estavam enamorados e tudo o que iriam querer a partir daquele momento era sossego para desfrutarem as suas alegrias.

***

Na manhã seguinte, quando retornou para a casa de Valéry, Hector o encontrou irritado, a exigir explicações.

— Posso saber onde você se enfiou a noite passada? Cansamos de procurá-lo, mas você simplesmente desapareceu sem deixar vestígios.

É claro que ele estava mentindo. Quando percebeu a ausência do poeta, Valéry andou perguntando e foi informado de que ele havia saído em companhia de Sophie.

Diante de tanto questionamento, Hector teve vontade de mandá-lo para o inferno, mas faltou-lhe coragem. Vivia na dependência de Valéry e, além disso, tinha outro motivo muito importante para não se indispor com o anfitrião: a publicação do seu livro, que seria patrocinada por ele.

Hector alimentava a ilusão de que, depois que sua primeira obra se tornasse conhecida do grande público, as portas do sucesso se abririam para ele, trazendo-lhe não somente notoriedade, mas também uma boa condição financeira, o que lhe garantiria a tão almejada independência.

Então decidiu mentir, dizendo que Sophie havia se sentido mal e que, por isso, ele a acompanhara à casa dela. Valéry sabia que a amiga estivera em sua residência, mas não fazia a menor ideia sobre o que ela havia presenciado, pois não imaginava que Hector fosse tão ingênuo a ponto de convidar uma moça decente para aquele tipo de encontro.

— E por que não a deixou em casa e voltou para o baile? - Valéry questionou, demonstrando não haver acreditado naquela história.

— Não quis deixá-la sozinha. Ela estava febril e eu tive medo de que piorasse - Hector mentiu novamente.

O problema da mentira é que ela quase nunca pode ser usada uma única vez e isoladamente. Sua manutenção exige a criação de tentáculos que vão se alastrando indefinidamente. Valéry fez mais perguntas e Hector respondeu com mais mentiras.

Ao fim da conversa, os dois estavam desgastados e irritados. O anfitrião se trancou em seus aposentos e Hector passou o dia inquieto, sem disposição para escrever ou conversar com ninguém. A imagem de Sophie não lhe saía da cabeça e o desejo de estar junto dela era algo incontrolável.

Por outro lado, preocupava-lhe o desgaste com o seu protetor. A ideia de que ele pudesse desistir de patrocinar a publicação do livro deixava Hector bastante aflito.

***

A partir daquela noite que passou ao lado de Sophie, a vida de Hector nunca mais foi a mesma. Bastante decepcionada com o que vira no baile de máscaras, a moça deixou de frequentar a casa de Valéry e o poeta começou a procurá-la cada vez com mais frequência. A cada dia ele se sentia mais envolvido por aquele sentimento eloquente e dominador. No entanto, não conseguia também se desvencilhar das exigências de seu anfitrião.

Embora nutrindo aquele carinho tão especial por Sophie e não conseguindo se manter muito tempo distante dela, a força dos vícios adquiridos no correr dos anos e a necessidade de agradar Valéry ainda o dominavam e o mantinham em um cativeiro invisível, porém eficiente e invencível.

Essa oscilação entre sentimento e instinto, essa indefinição sobre que rumo tomar, criaram uma situação embaraçosa e delicada, colocando Valéry - que desconfiava cada vez mais do envolvimento de Hector com Sophie - e a moça em condições opostas; gerando um clima de disputa entre eles, já que nenhum dos dois abria mão da companhia do poeta.

Capítulo 12

O mundo está cheio de pessoas que trazem o sorriso nos lábios e o veneno no coração; que são doces, contanto que ninguém as moleste, mas que mordem à menor contrariedade; cuja língua, doirada quando falam face a face, se transforma em dardo venenoso, quando falam por trás.

O Evangelho segundo o Espiritismo
Capítulo 9 – item 6

Rompante de ciúmes

Um dia, Valéry mandou um recado dizendo que precisava falar com Sophie e a convidou para uma visita. Como não queria que Hector soubesse do encontro, pediu a Gerard que o tirasse de casa por um tempo, levando-o para um passeio.

Quando recebeu o convite para passear, Hector aceitou de imediato. Havia tempo que não conversava com o amigo, pois Valéry mantinha Gerard praticamente prisioneiro, exigindo sua constante presença ao lado dele.

Quando Sophie chegou à residência de Valéry, encontrou-o irritado, porém contido e dissimulado.

— Como vai, minha querida! - ele a cumprimentou com um falso sorriso, beijando-lhe a mão. — Há quanto tempo...

— Tenho andado muito ocupada - Sophie respondeu sem muita cerimônia.

— Imagino! Namorar o "poeta celestial" deve ocupar muito o seu tempo, não é mesmo?

Na verdade, apesar de desconfiado, Valéry não tinha certeza de que os estavam realmente namorando. Hector nunca havia confirmado nada. Mas ele foi tão convincente no modo de falar, que Sophie não percebeu que se tratava de um blefe.

— Não é o namoro com o Hector que tem tomado o meu tempo, mas a necessidade de sobrevivência - ela respondeu. — O seu amigo *marchand* me convidou para fazer uma exposição promissora, por isso tenho pintado muito.

Valéry sabia de tudo aquilo. Fora ele quem conseguira aquela exposição para Sophie. Por isso, a confirmação do namoro dela com Hector despertou-lhe um forte sentimento de indignação. Sentiu-se traído e insultado pelos dois.

— Pois eu quero que vocês terminem esse namoro imediatamente - ele ordenou, sem conseguir disfarçar a irritação.

Sophie, pega de surpresa por tamanha ousadia, chegou a rir, deixando-o ainda mais irritado.

— Você deve estar brincando, meu amigo...

— Não. Não é brincadeira! - ele disse ainda mais sério. — Quero que você fique longe do Hector.

Finalmente Sophie percebeu a gravidade do momento e respondeu no mesmo tom:

— E com que direito você me exige isso?

— Com o direito de quem o acolheu carinhosamente e dá a ele todas as condições de sobrevivência - Valéry falou em tom de soberba. — Aliás, ele contou que eu vou patrocinar a publicação de seu primeiro livro?

— Sim. Ele me contou - Sophie respondeu encarando-o de frente.

— Pois se você não se afastar dele, não o farei. Não haverá livro algum.

— O quê? Você tem coragem de agir com tamanha baixeza? Fazer uma chantagem tão mesquinha?

Valéry sacudiu os ombros em uma atitude de indiferença.

— Não estou chantageando, apenas fazendo uma proposta. Além disso, estou também cuidando dos interesses do meu amigo Hector. Garanto-lhe que, no fundo, ele gosta muito mais de mim do que de você. Afinal, eu fui homenageado por ele com um lindo poema. E você?

Apesar de ser uma pessoa contida e educada, Sophie tinha também os seus rompantes de fúria. O modo sarcástico e depreciativo como Valéry a olhou de alto a baixo, enquanto lançava em seu rosto aquelas venenosas palavras, fez que ela se transformasse e não permitisse que aquilo passasse em brancas nuvens.

— Poema para você, Valéry? Ora, me poupe! Como uma pessoa tão desprezível pode se considerar merecedor daquela homenagem? Fique sabendo que aquele poema foi feito para a avó dele. Aquilo lá nada tem a ver contigo...

Valéry ficou lívido. Preferiria não acreditar nas palavras de Sophie, mas ela estava sendo sincera demais para ser ignorada. Além disso, por mais doloroso que parecesse, a informação fazia sentido. Ainda assim, ele fingiu se manter firme.

— Você está blefando, minha cara! Hector tem grande consideração por mim...

— Consideração por um déspota? Um sujeito ordinário, que promove orgias em sua própria casa e ainda tem a cara de pau de usar roupas femininas durante esses bacanais?

Dessa vez, Valéry se sentiu realmente atingido. Não sabia como Sophie havia tomado conhecimento daquelas informações, mas ficou claro que Hector estava por trás daquilo.

Enquanto ele silenciou, possivelmente tentando assimilar o ataque inesperado, Sophie pareceu crescer. Olhou-o desafiadoramente e disse:

— E tem mais: se você não patrocinar a publicação do livro do Hector, eu mesma o faço.

Apesar do golpe recebido de supetão, Valéry se fez de forte. Deu uma gargalhada nervosa e questionou:

— Você? Uma morta de fome? Com que dinheiro pretende fazer isso? Pensa que a publicação de um bom livro custa meia dúzia de moedas?

— Eu dou um jeito - Sophie disse, apenas para não ficar calada. No fundo sabia que Valéry estava coberto de razão.

E foi embora apressada, sem permitir que ele voltasse a provocá-la.

Assim que ela saiu, Valéry se jogou em uma confortável poltrona, mas teve a impressão de que estava sentado sobre um espinheiro. Sentia-se totalmente incomodado. Não podia permitir que aquela mulherzinha insignificante, no seu modo de ver, o humilhasse daquele jeito e saísse impune. Estava irritado também com Hector, por tê-lo traído de modo tão infame.

Então, começou a delinear um plano de vingança contra ela.

***

Quando, mais tarde, Hector passou pelo ateliê, encontrou Sophie visivelmente preocupada. Ela perguntou sobre a importância que a publicação do livro tinha para ele. A resposta que ouviu deixou-a ainda mais abalada.

— Tenho vivido em função disso - Hector respondeu com empolgação e sinceridade, sem saber o real motivo pelo qual era questionado.

Sophie se aproximou, abraçou-o e ficou em silêncio por um tempo. Depois, com uma profunda aflição na voz que não foi percebida pelo poeta, voltou a perguntar:

— E como está o andamento do projeto?

— Já está quase finalizado! - ele explicou animado. — Mais algumas poucas poesias e completamos. Pretendemos fazer um livro de estreia bem grosso.

— Os manuscritos estão com você?

— Não. Estão com o Valéry. Eu componho as poesias e as entrego a ele. Afinal, como é ele que vai custear a edição do livro, acho justo que seja o guardião delas.

E Hector continuou falando do livro com tanto entusiasmo, que Sophie começou a considerar seriamente a possibilidade de se submeter à chantagem de Valéry. Não achava justo atrapalhar a realização do sonho do poeta para satisfazer o desejo do seu próprio coração.

E Hector estava tão compenetrado em seus interesses, que não reparou em nada daquilo. Esperava que o tempo tratasse de ajeitar as coisas. Enquanto isso, ingenuamente, achava que poderia manter aquela vida dupla, desfrutando a atenção de Sophie e ao mesmo tempo submetendo-se aos caprichos e às imposições de Valéry.

Capítulo 13

...Toma, então, caminhos escusos, seguindo o inimigo na sombra, sem que este desconfie, e aguarda o momento propício para feri-lo sem perigo. Ocultando-se, vigia-o sem cessar, prepara-lhe cilada odiosa, e quando surge a ocasião, derrama-lhe o veneno na taça.

O Evangelho segundo o Espiritismo
Capítulo 12 – item 9

Cilada cruel

Dias depois, Sophie estava no ateliê terminando a pintura de um quadro, quando recebeu a inesperada visita de Valéry. A primeira coisa que lhe passou pela cabeça foi mandá-lo embora, mas percebeu, surpresa, que a visita era cordial.

— Vim lhe pedir desculpas e desfazer um terrível mal-entendido - ele disse à porta, com um ramalhete de flores na mão direita e uma sacola na esquerda.

E, antes que Sophie recuperasse o choque da surpresa, foi entrando no ateliê.

— Fui muito grosso com você em nosso último encontro e vim tentar remediar a questão.

Ela fez sinal para que ele se sentasse e finalmente soltou a voz:

—Valéry, estou realmente surpresa! Achei que nunca mais o veria.

Entregando a ela o ramalhete de flores, Valéry disse com um sorriso enorme, fitando-a nos olhos:

— Fui um estúpido, minha querida! E, por incrível que pareça, minha consciência tem me cobrado muito pelo que fiz. Você é uma pessoa meiga demais. Concluí que é burrice perder a sua amizade por causa de um capricho idiota de minha parte.

Sophie sentou-se na lateral da poltrona e, lançando para ele um olhar de desconfiança, questionou:

— Fico feliz que pense assim, mas o que está havendo, afinal?

— Muito simples! Resolvi lhe dar as poesias do Hector - ele explicou, tirando de dentro da sacola um pacote com os manuscritos e entregando a ela. — Tome. É todo seu. Acho justo que seja você a pessoa a custear a publicação do livro dele.

Antes de pegar os manuscritos, Sophie arregalou os olhos e levou as mãos à boca, em uma demonstração de espanto.

— Está tudo aí - Valéry disse. — Toda a produção literária do "poeta celestial" para a edição de seu livro de estreia.

Ela caminhou lentamente até uma mesinha onde depositou o envelope. Abriu-o e começou a folhear as poesias. Estava tão emocionada, que suas mãos tremiam.

Valéry se levantou, pousou a mão no ombro dela e disse:

— Tenho certeza de que tomei a decisão mais acertada.

— Não! - ela contestou. — Você estava coberto de razão quando disse que eu não tenho como pagar a publicação. Eu não tenho dinheiro para isso. Vai custar muito caro...

Valéry não permitiu que ela terminasse.

— *Shiu!* Não se preocupe com esse detalhe. Eu vou ajudá-la... Ou melhor, eu vou custear a edição.

— Mas...

— Espere! Deixe-me terminar. Pensei muito e decidi recompensá-la pela estupidez com que lhe tratei. Esse detalhe ficará somente entre nós dois. Ninguém precisa saber que fui eu que paguei a edição. O importante é o Hector pensar que foi você quem o fez. Daí ficará eternamente grato a você e eu espero, sinceramente, que vocês sejam muito felizes.

— Por quê? Por que você está fazendo isso? - Sophie perguntou desconfiada.

Ele a segurou firme pelos ombros e a olhou nos olhos.

— Porque cheguei à conclusão de que você e o Hector se amam de verdade. Porque não quero mais ser um empecilho à felicidade de vocês. Cheguei à conclusão de que não foi justa a exigência que lhe fiz e, como eu disse, minha consciência tem me cobrado justiça.

E Valéry disse essas palavras com tanta convicção, que Sophie já não teve dúvidas de que estava realmente diante de um amigo arrependido que queria ajudá-la.

— Precisamos tomar algumas providências - ele disse se afastando. — Para que fique bem claro que eu não tenho mais nada a ver com essa história de publicação de livro. Não quero que o Hector alimente por mim mais uma dívida de gratidão. Quero-o como amigo, apenas como um bom amigo e não como cativo.

— É só você dizer a ele que não irá mais publicar...

Valéry fez um gesto de reprovação, movimentando horizontalmente a cabeça.

— Não é assim tão simples, minha amiga.

— Por quê?

— Porque não tenho coragem de encará-lo e dizer que estou matando o sonho dele. Tenho muita consideração pelo Hector e não conseguiria dar-lhe uma notícia tão negativa.

— Bem, eu posso falar com ele...

— Sim, pode - e nesse momento o tom um pouco mais alterado da voz de Valéry quase denunciou a sua dissimulação. Ele raspou a garganta e retomou o fingimento. — Mas eu preciso deixar um bilhete, apenas um bilhete bem sucinto para ele.

Fazendo um ar de sofrimento, o rapaz segurou nas mãos de Sophie:

— Pretendo viajar amanhã cedo e ficarei uns dias fora da cidade. Quando voltar, a poeira já terá baixado e mesmo que o Hector me procure para cobrar minha atitude, ele já terá absorvido o impacto da negativa surpresa. Será mais fácil para mim.

Sophie chegou a sentir pena de Valéry e pensou que talvez estivesse enganada quanto ao caráter do amigo. Naturalmente ele tinha defeitos, como todo mundo, mas havia um quê de nobreza e sensibilidade em sua alma. Algo tão positivo que o induzia à grandiosa capacidade de renunciar aos próprios interesses.

A pedido de Valéry, Sophie providenciou papel e caneta, mas foi surpreendida por um pedido dele:

— Vou precisar que você escreva para mim - e o rapaz mostrou a mão direita.

Só então ela notou que a mão dele estava enfaixada por um curativo.

— Infelizmente fraturei o dedo polegar em um pequeno acidente doméstico e não tenho como escrever.

Por favor, escreva para mim. Depois eu dou um jeito de apenas assinar.

Sophie não percebeu nenhuma maldade naquele pedido. Estava eufórica demais para raciocinar. Sentou-se à mesa e escreveu o pequeno recado que Valéry lhe ditou:

> *Meu querido Hector!*
>
> *É com o coração oprimido que tomo a decisão de fazer o que faço. Mas tenha a certeza de que minha atitude é, de certo modo, para preservar o sentimento que nos une.*
>
> *Abdico de uma coisa muito importante para mim, a fim de permitir que você seja feliz.*
>
> *Sei que um dia você entenderá as minhas razões e me perdoará.*

Após a escrita, Sophie, que entendeu a mensagem como uma renúncia de Valéry à satisfação de realizar o sonho de Hector, entregou a caneta para que ele assinasse o bilhete. Mas, em vez disso, Valéy tirou uma garrafa de vinho da sacola e a exibiu sorridente.

— Eu assino depois. Primeiro, vamos comemorar este importante momento.

Sophie foi à cozinha apanhar dois copos. Mas quando retornou, Valéry já havia enchido duas belíssimas taças de cristal que também estavam na sacola.

— Desculpe-me, querida, mas eu sabia que você não teria taças que estivessem à altura deste brinde tão especial. Por isso trouxe essas aqui e aproveito para lhe presentear com elas.

Novamente não vendo nenhuma maldade nos gestos de cordialidade do amigo, Sophie se deixou envolver. Brindaram e tomaram o vinho. Mas ela nem chegou a esvaziar a taça e começou a sentir o efeito devastador do fortíssimo veneno que Valéry havia colocado em sua bebida. Sua morte foi quase instantânea.

Ao vê-la inerte, o assassino riu com sarcasmo. Arrancou da mão o falso curativo, calçou um par de luvas que estrategicamente levara no bolso e, imitando a letra da moça, anotou abaixo do texto escrito no bilhete: "Sophie".

Depois começou a preparar o ambiente para que não ficasse ali nenhum vestígio de sua presença, substituindo, inclusive, a taça de cristal, na qual Sophie bebera, por um dos copos que ela havia pegado na cozinha, tendo o cuidado de colocar nele o resto de bebida envenenada e depois quebrá-lo espatifando-o no chão, como se houvesse caído da mão dela.

Recolheu com cuidado tudo o que havia levado e saiu sorrateiramente do ateliê, tomando a precaução de não deixar vestígios de sua presença ali e de não ser visto, o que não foi difícil, pois a viela onde Sophie vivia estava deserta àquela hora.

Capítulo 14

Por isso, a vingança é um índice seguro do atraso dos homens que a ela se entregam, e dos Espíritos que ainda podem inspirá-la. Portanto, meus amigos, esse sentimento jamais deve fazer vibrar o coração de quem quer que se diga e se afirme espírita.

O Evangelho segundo o Espiritismo
Capítulo 12 – item 9

Perda irreparável

Novamente a pedido de Valéry, Gerard havia convidado Hector para dar uma volta. Os dois ficaram bebendo e conversando em uma taberna durante horas. Sob o efeito do álcool, Gerard desabafou sobre um assunto que nunca haviam tratado:

— Sabe, Hector, às vezes eu me arrependo de ter abandonado o mosteiro. Saí de uma prisão para entrar em outra.

— Você não está feliz? - o amigo perguntou apenas para dar a ele a oportunidade de desabafar. Hector sabia que Valéry o sufocava.

— Felicidade? - Gerard riu com sarcasmo. — Não tenho a menor ideia do que seja isso, meu amigo. Não fui feliz quando vivia com meus pais, não fui feliz no mosteiro e não sou feliz agora, vivendo sob rédeas ainda mais curtas e implacáveis.

— Eu também, em alguns momentos da vida, perguntei-me se havia feito uma boa escolha. Mas isso foi antes de conhecer Sophie. Agora que estamos juntos, já não tenho dúvidas de que terei aqui fora a felicidade que o mosteiro jamais poderia me proporcionar.

Gerard suspirou fundo e abriu um sorriso melancólico, carregado de indisfarçável inveja.

— Pelo menos um de nós encontrou alegrias aqui fora.

E fez um longo desabafo, expondo os defeitos terríveis da personalidade do mimado companheiro. Hector finalmente começava a perceber que Valéry era de fato uma pessoa insana e bastante desequilibrada. Pelo que ficou sabendo, seu comportamento era muito pior do que ele deixava transparecer em público. Na intimidade, era terrivelmente agressivo e ameaçador. Quando se desentendia com Gerard, geralmente por motivos banais, ameaçava matá-lo, dizendo que iria decapitá-lo durante o sono.

Gerard passava as noites praticamente em claro, com medo de dormir e ser atacado. No dia seguinte, mesmo com muito sono, era obrigado a acordar cedo e a submeter-se aos caprichos de Valéry, pois se não o fizesse, novas contendas se iniciariam e, com elas, mais ameaças e agressividades.

E foi em meio a esse desabafo, que Gerard contou sobre a conversa entre Valéry e Sophie, que havia ocorrido há alguns dias.

— Por causa da relação entre vocês, há uma grande possibilidade de seu livro não ser publicado, sabia? Valéry chamou Sophie à casa dele e deixou muito claro que se ela não ficar longe de você, a obra não será editada.

Hector foi pego de surpresa por aquela revelação. Sabia que seu anfitrião tinha implicância com qualquer pessoa que se aproximasse dele demonstrando segundas intenções, mas receber a notícia daquele modo tão direto deixou-o estarrecido, principalmente agora que conhecia mais detalhes sobre a personalidade de Valéry.

Pensou em Sophie, no quanto ela deveria ter sofrido sendo chantageada, e finalmente compreendeu a razão das perguntas que ela lhe fizera sobre a importância da publicação do livro. Entendeu também que a atitude do abraço silencioso depois daquele diálogo poderia significar que ela estava decidida a renunciar ao relacionamento, para não atrapalhá-lo.

Indignado com tudo aquilo, Hector se despediu de Gerard e foi para o ateliê, onde pretendia ter uma conversa definitiva com Sophie sobre aquele assunto. Apesar da imensa vontade de ver seu livro publicado, não iria permitir que Valéry se intrometesse daquele modo, destituindo-o da verdadeira razão de felicidade que ele projetava para o futuro. Estava na hora de colocar as coisas em seus devidos lugares e, se fosse necessário, romperia definitivamente os laços de amizade com seu protetor.

***

Hector subiu a escadaria e bateu à porta, mas não ouviu sequer um ruído dentro do ateliê. Ia bater novamente, quando percebeu que a fechadura não estava trancada. Estranhou, mas não se preocupou inicialmente. Considerou a possibilidade de Sophie ter deixado a porta aberta de propósito para quando ele chegasse.

Mas, ao entrar, deparou-se com ela estirada no sofá. No chão, os estilhaços de um copo quebrado e a mancha formada por um resto de bebida. Chegou a pensar que Sophie estivesse dormindo, porém a realidade era muito mais grave. Percebendo que ela não se movia, agachou-se para examiná-la e viu que ela não respirava também. Levantou-se em um salto, as duas mãos à cabeça.

— Meu Deus! Meu Deus! - Hector repetia com voz estrangulada, sem a menor condição de organizar os pensamentos.

De repente seus olhos foram atraídos para a superfície da mesa, onde se encontrava o bilhete com as letras inconfundíveis de Sophie:

Meu querido Hector!

É com o coração oprimido que tomo a decisão de fazer o que faço. Mas tenha a certeza de que minha atitude é, de certo modo, para preservar o sentimento que nos une.

Abdico de uma coisa muito importante para mim, a fim de permitir que você seja feliz.

Sei que um dia você entenderá as minhas razões e me perdoará.

Sophie

E tudo ficou muito claro para ele. Sophie havia se matado para deixar de ser um obstáculo à realização do seu sonho. Tudo fazia sentido. Um sentido terrível, frio e imensamente doloroso. Ela renunciara à própria vida para não atrapalhar os seus planos.

Essa realidade recaiu sobre Hector com tanta força, que ele se quedou vertiginosamente, sem a menor condição de se reerguer. O sentimento de perda, aliado ao remorso de não tê-la protegido, foi um duro golpe que o marcaria de modo cruel e doloroso para o resto da vida.

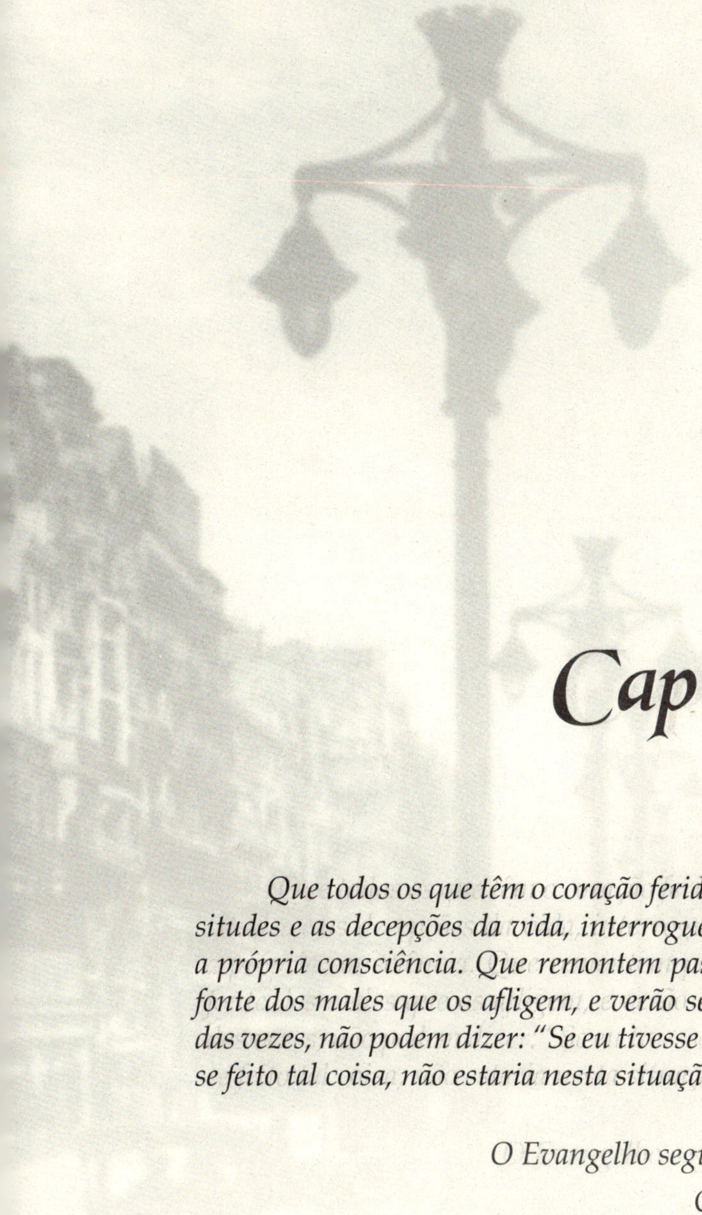

Capítulo 15

Que todos os que têm o coração ferido pelas vicissitudes e as decepções da vida, interroguem friamente a própria consciência. Que remontem passo a passo à fonte dos males que os afligem, e verão se, na maioria das vezes, não podem dizer: "Se eu tivesse ou não tivesse feito tal coisa, não estaria nesta situação".

O Evangelho segundo o Espiritismo
Capítulo 5 – item 4

Fundo do poço

Dias angustiantes sequenciaram a morte de Sophie. Com tanta evidência, principalmente em função do bilhete deixado, as investigações policiais foram conclusivas: tratava-se de suicídio.

Um vazio imenso se apoderou de Hector. Na verdade, embora soubesse que a amava, ele não fazia ideia de que sentiria tanto a sua falta. Não tinha noção do quanto estava apegado àquela mulher. Sem a presença de Sophie a apontar-lhe o caminho, voltou a se perder no abismo da decadência.

Inicialmente, esquivou-se de Valéry, revoltado com o fato de ele ter chantageado Sophie e, de certo modo, colaborado para que ocorresse o suicídio. No entanto, Valéry negou que houvesse tido tal conversa com ela, afirmando que tudo não passara de um grande equívoco.

— E por que Sophie iria se matar e ainda deixar aquele bilhete falando em renúncia? - o poeta o questionou numa das discussões.

Valéry era muito dissimulado e respondeu:

— Certeza eu não tenho, mas acredito que ela tenha percebido ser um empecilho ao seu sucesso... Além disso, Sophie ainda estava muito abalada por causa da morte da mãe... Sei lá... Difícil entender o que se passa na cabeça de uma pessoa que tem coragem de premeditar a própria morte.

E essas palavras confundiam ainda mais a cabeça de Hector. Para abrandar o seu desespero e o sentimento de culpa, ele voltou a se embebedar. A diferença foi que, agora, sob o efeito do álcool, tornava-se agressivo. Começou a destratar Valéry e, em um desses momentos, sem refletir sobre o que dizia, chegou a chamá-lo de assassino.

Além disso, exigiu que o anfitrião lhe devolvesse os originais do livro. Hector não tinha mais a menor vontade de ver aquelas poesias publicadas. Parecia-lhe que, de certo modo, elas também eram culpadas pela morte de Sophie.

Valéry percebeu que Hector poderia lhe causar sérios problemas, inclusive com a justiça, e deu um jeito de se livrar dele, mandando-o passar uma temporada em uma propriedade que possuía em ambiente rural, bem distante da cidade.

— Vá esfriar a cabeça - Valéry disse ao poeta, mais como uma ordem do que como recomendação.

Hector foi, mas não ficou nem uma semana por lá. Quando voltou, encontrou um Valéry completamente mudado. Ele já não fazia questão de que o poeta permanecesse ao seu lado.

Hector acabou virando motivo de chacota entre o anfitrião e seus convidados, pois além de não poupar esforços para demonstrar sua insatisfação, Valéry tinha agora outro motivo para escarnecê-lo: Hector não conseguia mais compor um verso sequer. Perdera completamente a inspiração. Toda vez que tentava escrever, era assaltado pela imagem de Sophie morta sobre a poltrona e se sentia bloqueado.

Vendo-se angustiado, tentando inutilmente compor um verso, Valéry gracejava:

— Xiii! Acho que o "poeta celestial" foi destituído do cargo. Já pensou em pedir uma vaga no inferno? Acho que agora lhe cairá melhor a alcunha de "poeta infernal".

E dava longas gargalhadas, obrigando Gerard e quem mais estivesse presente a acompanhá-lo em seus humilhantes ataques.

***

Desprovido das benesses angariadas junto a Valéry, Hector começou a alimentar os vícios como podia. Passou a viver cada vez mais na rua, frequentando ambientes sórdidos, embriagando-se com bebidas baratas e dormindo muitas vezes ao relento. Sua aparência tornou-se horrível; barba e cabelo enormes, unhas sujas, roupas esfarrapadas...

Com o tempo, nos intervalos entre uma crise e outra, voltou a compor alguns versos que, apesar de possuírem alguns resquícios de beleza, eram profundamente tristes e melancólicos. A maioria falava sobre morte, perdas, destruições... Causavam mal-estar até mesmo a ele, que os havia escrito. Por isso, com a mesma brevidade com que eram compostos, deterioravam-se atirados às sarjetas, ou levados aleatoriamente pelo vento.

Assim também se perderam os originais que deveriam ter se tornado o seu primeiro livro. Muitas vezes

Hector usou aqueles antigos versos como moeda de troca para se embriagar com vinho barato e outras bebidas ainda mais fortes.

***

E foi desse modo que, naquela congelante manhã de inverno, estando desprovido de abrigo, o poeta se arrastou com dificuldade até o portão do monastério onde fora deixado na infância e onde vivera os anos mais tranquilos de sua vida. Queria ao menos morrer perto do porto que um dia lhe fora seguro.

O religioso que chegava de viagem o acudiu. Ele estava inconsciente e chegou a ser dado como morto, porém acabou se recuperando. Mas sua situação era extremamente complicada. Além de todo o abandono, Hector estava com o organismo enfraquecido pelo alcoolismo e pela debilidade de sua mente perturbada. Não conseguia se perdoar, julgando-se responsável pelo suicídio de Sophie.

Ele desencarnou na mesma semana em que fora acolhido pelo religioso. Porém, antes de dar o último suspiro, pediu que lhe providenciassem papel e caneta e em questão de minutos compôs esta súplica em forma de poema:

Canção do filho pródigo

Durante tanto tempo andei perdido
entre esses vales... Por essas colinas...
Andei vagando, sem nenhum sentido,
regando os vícios de ancestrais rotinas.

Durante tanto tempo andei errado!
Por isso volto assim, tão reticente...
O meu semblante tenso, tão pesado
e esta aparência de sossego ausente.

Durante tanto tempo andei tristonho;
negando a condição de ser Teu filho.
Por isso esse martírio tão medonho!
Por isso o olhar cansado, já sem brilho!

Durante tanto tempo andei sofrendo
inevitáveis e terríveis dores,
criadas por meu próprio referendo;
por minha própria negação de amores.

Durante tanto tempo andei soturno,
em meio às trevas de imprudente via.
Por isso trago esse clamor diuturno
que dilacera minha alma vazia.

Mas venho confiante em Teu amor,
rogando o Teu perdão... Tua acolhida...
Porque dissestes, ó meu Bom Pastor:
"Nenhuma ovelha ficará perdida!".

Segunda Parte

Capítulo 16

Ao entrar no Mundo dos Espíritos, o homem é semelhante ao trabalhador que comparece no dia de pagamento. A uns, dirá o patrão: "Eis a paga do teu dia de trabalho". A outros, aos felizes da Terra, aos que viveram na ociosidade, que puseram a sua felicidade na satisfação do amor próprio e dos prazeres mundanos, dirá: "Nada tendes a receber".

O Evangelho segundo o Espiritismo
Capítulo 5 – item 12

Degredo e solidão

A dor mais pungente que o ser humano pode experimentar é aquela que se manifesta na alma, porque não há meios de aliviá-la. O sofrimento físico, por mais doloroso que seja, sempre oferecerá uma possibilidade de arrefecimento, seja pela ação de um medicamento ou cirurgia, seja pelo tratamento fisioterápico ou até mesmo por meio do exercício mental, de hipnose ou algo assim. A própria perspectiva da morte física serve de consolo para quem enfrenta os dissabores de uma angustiante enfermidade.

Porém, a dor da alma é intratável, uma vez que se manifesta em local indefinido e, por consequência, inacessível. Esse padecimento ocorre de forma quase uniforme na estrutura imponderável do Espírito, variando apenas em intensidade e longevidade, configuradas pelo grau com que se apresenta devido à gravidade dos sentimentos que a origina.

Muitas vezes, enquanto encarnados, perdemos tempo e nos desgastamos pensando em como se dará a nossa passagem para o plano do Espírito e que tipo de vida encontraremos do "outro lado". Evitaríamos essas inseguranças se nos pautássemos pelo bom senso, avaliando o tipo de vida que levamos no plano da matéria.

Uma vez que estamos submetidos às regras imutáveis das leis universais, não há muito que fazer nesse sentido, a não ser usar de modo inteligente e responsável o instrumento que nos foi concedido para nos colocar em consonância com o próprio universo: o livre-arbítrio.

Mas, convenhamos, com tanto egoísmo, orgulho e vaidade enraizados em nossa base existencial, ainda encontramos muita dificuldade em aplicar sensatez ao uso dessa "ferramenta" que, por incrível que pareça, conspira a nosso favor. O livre-arbítrio está intrinsecamente ligado à nossa consciência e é por meio dele que registramos e processamos as ações do que nos aguarda a cada novo estágio, seja no plano etéreo ou no plano material. São as nossas próprias atitudes que nos situam no universo.

Como a águia que vive no céu e que de vez em quando baixa à terra para cuidar de necessidades que lhe exigem o pouso, nós vivemos no espaço e, de tempos em tempos, revestimo-nos de um corpo físico. Por meio da reencarnação, mediante os nossos esforços e desejos de melhoria, avançamos em busca da perfeição, que é o objetivo final de nossa criação.

Mas esse caminho é árduo e espinhoso. É como se possuíssemos escamas, criadas a partir de nossas imperfeições morais, e essas escamas tivessem de ser arrancadas à força, em um doloroso processo de esfoliação purificadora que vai se manifestando ao longo do tempo e cujo resultado demorasse muito a aparecer.

***

Quanta coisa se passou pelos pensamentos nebulosos de Hector, enquanto se encontrava degredado em inóspita região umbralina! Mas esse estado de inquietação fora precedido por outro ainda mais angustiante e que, de certo modo, já o aprisionava quando se arrastou, moribundo, à porta do mosteiro, naquela noite invernal, querendo ao menos morrer próximo do local onde passara a maior parte da vida e onde se consagrara como alguém que tinha uma tarefa realmente importante a desenvolver.

Custou muito para se dar conta do próprio desencarne. Não atinara para o instante em que se desligou do corpo físico e adentrou os pórticos espirituais a que fora atraído por causa dos sentimentos negativos que levara consigo. Seguiu à semelhança de um bêbado que se deixa arrastar por um condutor e no dia seguinte não se lembra de como chegou em sua própria casa.

Impossível precisar quanto tempo durou o estado de inconsciência em que se encontrava. Os primeiros laivos de lucidez chegaram ainda carregados de maus sentimentos, embora as lembranças ainda lhe fossem bastante escassas. A sensação de que algo estava errado e de que havia urgência em tomar atitudes corretivas o inquietava diuturnamente.

***

Essa é a dor imponderável da alma! Sabemos que ela existe, sentimos os seus sintomas e nos desesperamos tentando abrandá-la, mas não conseguimos. Não dispomos de meios para isso, porque a confusão mental em que estamos mergulhados não nos permite ter noção do que aquilo representa. Resta-nos a inércia e até mesmo a vontade de "morrer de novo".

Por isso, em muitos casos, o sofrimento do Espírito se alonga indefinidamente. Trata-se de um ciclo vicioso em que o desânimo alimenta a dor e a dor alimenta o desânimo. Chega a um ponto em que já não conseguimos discernir que tipo de sentimento desencadeou tudo aquilo e não sabemos também como proceder para iniciar a escalada que nos tirará daquele fundo de poço, trazendo-nos à tona, onde haja pelo menos uma réstia de luz a se projetar sobre nós.

***

Para qualquer lado que Hector olhasse, somente vislumbrava o cenário triste de um degredo. A impressão que ele tinha era a de estar entre os escombros de um território devastado por um cataclismo ou por prolongada e violenta batalha campal.

Silhuetas de árvores secas com troncos e galhos retorcidos distribuíam-se esparsamente entre a paisagem sombria. O solo arenoso, cinzento, e um céu constantemente escuro, como a preceder pesada tempestade, completavam o lúgubre cenário.

E todo o abandono daquele ambiente repercutia indelevelmente em sua alma, como se um pranto mudo e inevitável o mantivesse acabrunhado o tempo todo. Não havia perspectivas de melhoras. Não havia alívio àquele tormento constante.

Às vezes, alguns resquícios de lembranças ameaçavam aflorar, mas ele os afugentava. Não queria se lembrar de nada, pois pressentia que as memórias seriam muito pesarosas, ampliando ainda mais o seu deplorável estado. Agia à imitação de um louco que vive dando tapas ao vento, a espantar moscas fictícias. As moscas eram as lembranças que o admoestavam o tempo todo.

Passava a maior parte do tempo sentado à margem do precipício de onde havia conseguido escapar, mas ainda não pudera se distanciar muito dali. A impressão que ele tinha era a de que a qualquer momento poderia voltar a despencar para dentro daquele abismo, cuja tenebrosa abertura era uma ameaça constante, que não o deixava sossegar por um único instante sequer.

Capítulo 17

Pela simples dúvida sobre a vida futura, o homem concentra todos os seus pensamentos na vida terrena. Incerto do porvir, dedica-se inteiramente ao presente. Não entrevendo bens mais preciosos que os da Terra, ele se porta como a criança que nada vê além dos seus brinquedos e tudo faz para obtê-los.

O Evangelho segundo o Espiritismo
Capítulo 2 – item 5

Inesperada presença

Depois de prolongado período naquelas paragens, completamente entregue ao ócio e ao desânimo, Hector percebeu a presença de alguém ao seu lado e ouviu suave voz sussurrar em seu ouvido, chamando-o pelo nome. Pareceu-lhe um sonho. Há quanto tempo não ouvia uma voz humana?

— Hector, sou eu, meu querido!

Ele notou uma pequena silhueta que se aproximava lentamente entre a penumbra. Não a reconheceu de imediato, mas aquela presença despertou algo positivo em seu coração. Uma lembrança boa, um calor espontâneo.

— Não se lembra mais de mim? - perguntou-lhe a pessoa que se aproximava.

De repente, foi como se Hector houvesse viajado no tempo. Inicialmente uma viagem obscura, mas que foi se delineando, ganhando claridade e quando percebeu de quem se tratava, caiu de joelhos, deixando fluir de sua alma toda a angústia que ali estava represada.

Naquele momento, não conseguiu se comportar como adulto, pois a presença da avó o transformou no menino que fora um dia. Assim, sem pensar em nada, fragilizado pelo sofrimento, assumiu a postura daquela criança que andava de mãos dadas com a avozinha querida e que via nela a sua grande protetora.

— Vovó! Vovozinha! Quanta saudade da senhora! - ele repetia chorando e beijando-lhe carinhosamente as mãos.

Ela se ajoelhou de frente para ele, a fim de que seus olhos se nivelassem e o envolveu em um caloroso abraço, beijando-lhe o rosto desfigurado pelo sofrimento.

— Sim, meu querido! Sou eu mesma. Estou aqui para lhe ajudar.

Hector secou as lágrimas que teimavam em jorrar em abundância e falou com um tom de voz que sugeria profunda aflição:

— Não é possível, vozinha. Ninguém pode me ajudar.

— Ah, pode sim, meu filho! Deus sempre ajuda os necessitados.

Hector lançou para ela o olhar desamparado de uma criança perdida.

— Mas para isso é necessário o merecimento. E merecimento eu não tenho, vó. Sinto que fiz coisas muitos ruins...

Então ela o envolveu com a maior compaixão do mundo.

— Pobre criatura! Como pode se julgar indigno da piedade divina? Não diga tamanha heresia, meu filho porque, quem assim se julga, elimina a esperança da felicidade futura. O nosso Pai criador conhece as nossas fraquezas e ainda assim nos ama e nos ampara quando a Ele recorremos humildemente, de coração aberto.

E bastou a presença da querida avó para que as lembranças, que se encontravam abafadas por suas constantes fugas mentais, aflorassem de modo vertiginoso. Um turbilhão de imagens pertinentes à sua vida sobressaltou-lhe o espírito.

Hector lembrou-se dos anos vividos no mosteiro e, depois, ao lado de Gerard e Valéry. Por fim, veio-lhe à mente a imagem de Sophie e a lembrança se deteve mais demoradamente no momento em que a encontrara morta, estirada na poltrona. Depois, lembrou-se do bilhete que ela direcionara a ele e deixara sobre a mesa.

Novo desespero voltou a envolvê-lo e Hector teve a impressão de que a abertura do precipício, ao lado do qual se mantivera durante tanto tempo naquele desterro, aproximava-se perigosamente. Foi preciso fazer um esforço imenso para não despencar nele novamente.

A voz amorosa da avó o acudiu mais uma vez:

— Creia em Deus, Hector! Peça ajuda e Ele vai lhe amparar. Ele sempre socorre os Seus filhos...

— Não no meu caso, vozinha! Fui responsável pelo suicídio de uma pessoa muito querida. Minha consciência não me deixa em paz um segundo sequer. Pobre Sophie! Como pude ser tão egoísta...

A mulher colocou delicadamente a mão sob o queixo dele e ergueu-lhe o rosto, fazendo que Hector a encarasse. Apesar da penumbra que envolvia todo o ambiente, ele percebeu o brilho intenso que se projetava daqueles olhos tão amorosos.

— É hora de deixar o passado no passado, Hector. É para frente que se anda e a vida exige longas caminhadas, meu querido!

— Mas não posso simplesmente ignorar o que aconteceu...

— Não estou falando em ignorar o passado. Estou falando em dar prosseguimento à vida, em sair desse marasmo que não o ajudará em nada. Hector, viver é movimentar-se como as águas dinâmicas de um rio que seguem resolutas em busca da foz, produzindo movimento e renovação constante. Não é ficar estagnado como as águas de um lago, que só produzem lodo e podridão.

Ela estendeu a mão como nos velhos tempos, apontou para uma tênue claridade que se espalhava no horizonte e disse:

— Vamos naquela direção.

— O que tem lá? - Hector perguntou com certa insegurança.

— Vida! Apenas vida! - ela respondeu com seu riso natural e seguro.

Seguiram em silêncio. À medida que caminhavam, distanciavam-se da paisagem nebulosa e fria. A certa altura, Hector sentiu cansaço. Não sabia se era um desgaste natural ou algo moldado pelo medo do porvir.

A mulher percebeu suas necessidades. Sorriu com brandura e apontou a silhueta de uma árvore que ficava a uns cem metros de onde estavam.

— Que tal sentarmos ali para descansar um pouco?

Ele aquiesceu com um aceno. Estava aliviado. Era a primeira vez que via algo colorido naquela paisagem. Essa árvore era bem mais frondosa que as demais. Possuía galhos vivos e tinha uma folhagem verde-escura. Ao redor do possante tronco, em vez do solo arenoso que circundava o abismo, um espesso e macio gramado oferecia o conforto de um tapete natural. Havia um sutil aroma de seiva e flores no ar.

— Posso me deitar? - ele perguntou.

Ela respondeu com um sorriso, recostou-se no tronco e fez sinal para que Hector apoiasse a cabeça em seu colo. Ele mal se deitou e pegou no sono. Quando acordou, a mulher assobiava uma canção nostálgica, enquanto encaracolava-lhe os cabelos com o dedo indicador.

Capítulo 18

Lembrai-vos de que aquele que crê se fortalece com o remédio da fé, e aquele que duvida um segundo da sua eficácia é punido, na mesma hora, porque sente imediatamente as angústias pungentes da aflição.

O Evangelho segundo o Espiritismo
Capítulo 5 – item 19

Reminiscências e reflexões

Aquele sono fez que Hector se sentisse bem mais disposto e, ao olhar os detalhes da paisagem, notou que a claridade do ambiente já não era tão sutil. Boa parte da neblina havia se dissipado e agora dava para ver que se encontravam dentro de um bosque.

Conseguiu ver também, com mais clareza, o semblante da avó e ficou impressionado, pois ela não possuía mais as rugas e as marcas da velhice. Na verdade, pareceu-lhe um contrassenso chamá-la de avó, porque ela tinha uma aparência bem mais jovem que a dele.

— Quem é você, afinal? - perguntou receoso de estar sendo indiscreto.

A mulher abriu um largo sorriso.

— Sua irmã.

— Irmã? Mas você não é minha avó?

— Sim. Já fui sua avó. Mas, por descendência divina, somos todos irmãos, meu querido! Fraternidade é o verdadeiro grau de parentesco que existe entre todos nós que fazemos parte da grande família humana, filha de um só Pai - ela disse apontando para o alto.

Só então Hector se deu conta de um detalhe: não lembrava o nome dela. Embora houvesse guardado na memória a fisionomia, o nome da avó era uma incógnita para ele.

Mas, antes que perguntasse, ela respondeu:

— Corine.

— Hã?

— Corine é o meu nome. Não é o que você quer saber?

Ele assentiu com um movimento de cabeça.

— Corine. Que nome lindo! - repetiu pensativo.

Depois perguntou:

— Você se lembra da casinha onde vivemos?

Ela voltou a sorrir.

— Como poderia me esquecer? Apesar da pobreza e do desconforto em que vivíamos, foi o melhor período de minha existência.

Hector tomou coragem e decidiu fazer a pergunta que a vida inteira o perturbara:

— Por que fui abandonado pelos meus pais?

Corine olhou para o horizonte, como se revivesse mentalmente algumas lembranças.

— Eu não sei - ela disse por fim.

Ele se ergueu e a encarou.

— Como assim, não sabe? Você me criou... Cuidou de mim... Foi minha avó...

— Não. Não fui, Hector. Na verdade, nunca houve laços consanguíneos entre nós. Conheci sua mãe no hospital, onde eu estava internada com problemas de saúde. Você estava para nascer e sua mãe se encontrava muito doente. Ela pressentia que não iria sobreviver ao parto e me pediu para cuidar de você.

— E meu pai?

— Acho que nem sua mãe sabia quem ele era. Desculpe-me a sinceridade, mas sua genitora tinha uma vida bastante irregular. Era uma mulher muito bonita, mas de juízo limitado, segundo suas próprias palavras. Talvez por esse motivo, nem ela mesma soubesse quem era o seu pai.

Ao notar-lhe o desapontamento, Corine o envolveu em um abraço e beijou-lhe na testa. Depois explicou:

— Quando sua mãe me fez aquele pedido, eu fiquei comovida e o levei para a minha casa. Cuidei de você enquanto pude, mas já estava com a idade avançada. Seis anos depois, voltei a me sentir mal. Minha doença havia se agravado e o médico me disse que eu estava com os dias contados. Tive medo de que você ficasse desamparado depois de minha morte. Foi por esse motivo que o entreguei aos cuidados dos religiosos do mosteiro.

Depois dessas palavras, ficaram em silêncio. Um turbilhão de sentimentos desconexos deixava a alma de Hector em polvorosa. Mas a presença de Corine de certo modo o acalmava.

Ele voltou a se sentir sonolento e adormeceu naquele colo aconchegante, respirando, depois de muito tempo, a atmosfera arejada e levemente perfumada de um ambiente despoluído.

***

Hector não tinha a menor noção de quanto tempo havia se passado desde que pegara no sono pela segunda vez, mas ficou feliz ao perceber que havia acordado no colo de Corine. Sentia-se ainda mais disposto do que antes e percebia que a paisagem à sua volta se tornava cada vez mais iluminada. Agora ele já não oferecia tanta resistência para aceitar as lembranças que, pouco a pouco, iam ocupando a sua mente.

Como se percebesse o que ocorria em seu campo mental, Corine perguntou:

— Lembra-se de que você é um grande poeta?

— Já me passou pela cabeça, mas eu acho isso impossível - ele respondeu.

— E por que você acha impossível?

— Porque eu não seria capaz de escrever um verso sequer. Não tenho boas inspirações em minha cabeça.

Corine afagou-lhe os cabelos.

— É só uma questão de tempo, meu querido! Em breve, a inspiração voltará a lhe visitar, como um beija-flor que surge inesperadamente no jardim.

E aquele comentário aparentemente fortuito despertou-lhe remota, porém, agradável lembrança. Imagens instantâneas e fugidias mostraram-no escrevendo na biblioteca do mosteiro e sob o *flamboyant*, no jardim da casa de Valéry.

— A designação "poeta celestial" lhe diz alguma coisa? - Corine perguntou.

E esse comentário não lhe fez nada bem. Hector sentiu-se incomodado com o termo, pois tinha certeza de não merecê-lo. Além disso, juntamente à voz de Corine, ele praticamente ouviu a voz irônica de Valéry a espezinhar-lhe entre risos:

"Acho que agora lhe cairá melhor a alcunha de 'poeta infernal'."

Capítulo 19

A porta da perdição é larga, porque as más paixões são numerosas e o caminho do mal é o mais frequentado. A da salvação é estreita porque o homem que deseja transpô-la deve fazer grandes esforços para vencer as suas más tendências.

O Evangelho segundo o Espiritismo
Capítulo 18 – item 5

Relato de Corine

Corine percebeu o mal-estar provocado e mudou de assunto. Hector sabia que não era em vão que ela falava sobre o passado. Seu objetivo era despertar-lhe a memória, sacolejar suas estruturas psíquicas, tirando-o daquele estado de torpor. Mas era uma tarefa pesarosa, por isso ela o fazia com paciência.

— Hector, você já parou para pensar sobre os objetivos da existência humana?

Ele se ergueu do colo dela, sentou-se apoiando as costas no tronco da árvore, e meneou a cabeça em negativa.

— Para ser sincero, Corine, acho que nunca refleti sobre isso.

Ela sorriu.

— Para ser sincera, Hector, eu também nunca o tinha feito. Aliás, parece-me que a maioria das pessoas não o faz. É engraçado! Nós estagiamos em dois planos diferentes da vida e muitas vezes não nos danos conta disso. Quando estamos no plano material, esquecemos que pertencemos à esfera espiritual. Nem nos lembramos de que somos Espíritos. Acreditamos ser apenas o corpo que nos serve como instrumento de trabalho...

— E sofrimento - ele atalhou pensativo.

— Sim. Porque o sofrimento faz parte dessa tarefa de aperfeiçoamento espiritual. Ficamos no plano material cuidando de coisas materiais, enfrentando dificuldades alternadas com alguns momentos de alegrias. Damos uma importância descabida ao que lá vivemos, mas é tudo tão efêmero, tão passageiro... Quando vemos, lá se foi o período encarnatório e nós voltamos ao plano do Espírito sem grandes avanços, sem atingir nem de longe os objetivos traçados, as propostas de mudança feitas a nós mesmos. É como se viajássemos continuamente de um país a outro sem angariar benefícios nessas viagens, sem absorver novas culturas, novos aprendizados, novos amigos, novos valores... Nem mesmo bons sentimentos e boas lembranças desses lugares nós arregimentamos... Entende o que eu digo? Ocorrem alguns avanços, mas são muito tênues; é quase uma inutilidade.

Ouvindo aquelas palavras, Hector teve a certeza de que se estivesse ainda encarnado, não daria a menor credibilidade ao que Corine dizia. Mas estando ali, em um plano que ele sabia não ser o da matéria - pois agora estava consciente de que havia morrido na carne -, tudo aquilo fazia muito sentido.

Ele não sabia exatamente o que havia acontecido, mas era impossível não experimentar uma sensação de desapontamento. Algo dizia que havia falhado em importantes compromissos assumidos para aquela experiência encarnatória. E, como se lesse os seus pensamentos, Corine suspirou e segurou sua mão.

— Infelizmente, falhamos. E enquanto estivermos nesse estágio evolutivo, seguiremos falhando, se você quer saber. Mas a tendência é irmos diminuindo a gravidade e a constância dos nossos erros, à medida que evoluímos. Hoje, graças a Deus, estou bem melhor, podendo inclusive orientá-lo, mas quando cheguei aqui, meu querido, me dei conta de que não havia cumprido quase nada do que havia me proposto. Também experimentei forte sentimento de frustração.

— Mas você realizou uma boa ação. Adotou-me ainda bebê, fazendo que minha mãe morresse mais tranquila, cuidou de mim...

— Mas foi muito pouco - ela o interrompeu. — É claro que o que fiz a você e à sua mãe contou pontos a meu favor. Assim como alguns outros gestos de caridade que consegui praticar, mas tudo isso foi quase nada diante de minhas responsabilidades.

E Corine contou em tom de desabafo, mas também para deixá-lo mais à vontade diante dos seus dilemas, sobre as ações negativas praticadas na encarnação passada. Disse ter sido uma pessoa extremamente egoísta, vaidosa e interesseira. Por haver nascido em lar pobre, vivia humilhando seus genitores, chamando-os de fracassados e deixando claro que não os amava.

Corine casou-se ainda bem jovem com um idoso milionário, ficando viúva logo após o casamento. Pensou ter herdado uma fortuna, mas descobriu que os filhos do ex-marido, atentos ao que, com razão, chamaram de "golpe do baú", haviam se precavido e tudo o que ela recebeu como herança foi uma residência que logo precisou ser vendida, devido à impossibilidade de manutenção, e um pouco de dinheiro que acabou em pouco tempo.

A partir daí, Corine prosseguiu por uma estrada cheia de desníveis morais. Zanzando de um canto a outro, atrás de pessoas que lhes satisfizessem os caprichos. Assim, teve várias experiências conjugais, mas todos os seus relacionamentos eram fadados ao fracasso. Ela não almejava boas convivências, porém "bons negócios afetivos", como se isso fosse possível.

Corine não possuía nada de interessante a oferecer no campo amoroso. Era uma mulher totalmente fria em termos de sentimento, e essa frieza tornava insuportável a relação a dois. Dentre os homens que seduzira com sua beleza e juventude, alguns eram casados e ela acabou sendo também responsável pela desestruturação de lares estáveis, provocando grandes sofrimentos e magoando muitos corações.

O tempo se passou, a beleza física foi-se esvaindo, a saúde começou a dar sinais de fraqueza e Corine se viu completamente abandonada, vivendo solitariamente em uma casinha pobre, nos arrabaldes de uma cidade distante de onde nascera. Ela nunca quis ter filhos e de repente, começou a sentir falta de companhia em sua vida, mas também não tinha vocação para fazer amizades.

Um dia em que não estava se sentindo muito bem, foi ao hospital, no qual ficou internada por três dias, com suspeita de pneumonia. Foi lá que ela conheceu a mãe de Hector, que se mostrou desesperada, pois estava muito enfraquecida, com anemia profunda, e pressentia que não iria sobreviver ao parto.

— Sei que não nos conhecemos - a gestante disse à Corine. — Mas sinto também que a senhora é uma boa pessoa. Então, por favor, se o meu filho nascer vivo, cuide dele para mim! Sei que é um absurdo pedir isso assim, mas eu estou desesperada.

E a mãe de Hector, moça jovem ainda, contou sobre a vida de sacrifícios que levava e sobre todos os equívocos que cometera. Corine sentiu o coração tocado por aquele apelo desesperado. Aquela mulher, que contara detalhes de sua existência miserável, era uma projeção de si mesma: alguém que vivia aleatoriamente, pulando de galho em galho, sem firmar raiz em parte alguma.

— Se a senhora não quiser ou não puder ficar com ele, entregue-o aos cuidados da igreja. Desse modo, já terá me feito um grande favor - prosseguiu a mãe de Hector, em meio a um pranto incontrolável.

Corine, profundamente sensibilizada, percebeu os olhos umedecerem e grossas lágrimas correram pelo seu rosto. Surpreendeu-se, pois era a primeira vez na vida que chorava pelo sofrimento alheio.

— Você não vai morrer... - tentou confortar a jovem que aguardava ansiosamente por uma resposta, mas foi interrompida:

— Apenas me prometa, por favor!

E desse modo o recém-nascido acabou adotado por Corine, já que as suspeitas de sua mãe estavam corretas. Ela realmente não sobreviveu às complicações do parto.

***

— Os anos que vivemos juntos foram os melhores de minha vida - Corine falou emocionada, ao terminar a narrativa.

— Mas por que você não se sentiu bem ao chegar aqui? - Hector perguntou.

Ela suspirou fundo.

— Porque foi como ter chegado a um deserto. Não havia ninguém me esperando. As vibrações que chegavam até mim eram todas negativas e eu me senti tão só como nos últimos dias de minha encarnação, depois de haver deixado você aos cuidados dos religiosos.

— Você não encontrou minha mãe?

— Não. E penso que, na verdade, não havia razão. Fiz a ela uma boa ação e sei que isso contribuiu para amenizar um pouco o meu sofrimento desse lado, mas não somos pessoas afins. É possível até que ela nem esteja mais no plano espiritual. Pode estar reencarnada neste momento.

Hector ia dizer que gostaria de conhecê-la, mas percebeu que não seria sincero. Na verdade, sentia gratidão pela mulher que gerara seu corpo e se sensibilizara com a história dela, mas também achava não haver afinidade afetiva entre eles. Na verdade, seu amor filial era totalmente devotado à Corine.

— Gostaria de saber sobre minhas experiências de vidas passadas - ele disse por fim. — Talvez me sentisse menos perdido.

— Bem, isso é possível - Corine respondeu. — Aliás, não só possível, como necessário para você fazer um balanço de seus atos e buscar meios de corrigi-los. Afinal, como a vida não termina no túmulo, a jornada evolutiva jamais se acaba. Você precisa se preparar para os próximos passos.

— E como faço para rever o passado?

— Busque-o dentro de você. Está armazenado aí. Eu vou lhe explicar melhor como fazer, mas, antes, gostaria que você me acompanhasse até um lugar.

— Tudo bem! Mas posso saber aonde vamos?

Ela se levantou, estendeu-lhe as duas mãos, pediu-lhe para fechar os olhos e disse:

— Venha! Confie em mim.

Capítulo 20

Se o amor do próximo é o princípio da caridade, amar aos inimigos é a sua aplicação sublime, porque essa virtude constitui uma das maiores vitórias conquistadas sobre o egoísmo e o orgulho.

O Evangelho segundo o Espiritismo
Capítulo 12 – item 3

Viagem de volta

Hector a obedeceu, sentiu uma leve tontura e, quando abriu os olhos, percebeu que estavam na residência de Valéry. Havia ali muito abandono e desleixo. O lugar não lembrava nem de longe o suntuoso retiro de festas do passado. Entraram no aposento em que Valéry se encontrava deitado, demonstrando estar muito enfermo. Apesar de coberto por grossos cobertores, dava para perceber que estava extremamente magro, considerando a magreza e a palidez quase cadavérica de seu rosto.

Ao lado dele, Gerard se desdobrava em atenção ao companheiro. Foi com certa dificuldade que Hector o reconheceu. Seu ex-companheiro de monastério estava bastante envelhecido, havia perdido o brilho do olhar, trazia o rosto demarcado por algumas rugas e boa parte dos cabelos estava embranquecida.

Ele já ia perguntar a Corine sobre o que estavam fazendo naquele lugar, quando uma desencarnada, usando um vestido roto e sujo, adentrou o ambiente. Passou sem notar a presença dos dois e posicionou-se ao lado da cama de Valéry.

— E então, seu assassino! Vamos nos divertir mais um pouquinho? - perguntou a mulher e deu uma gargalhada sinistra.

Nesse momento, o enfermo entrou em convulsão e começou a se debater no leito, chamando a atenção de Gerard que correu para socorrê-lo. A entidade impiedosa que provocara Valéry iniciou um ritual de tortura que beirava o absurdo.

Usando instrumentos perfurantes plasmados no plano espiritual, introduzia-os impiedosamente em diversas partes do corpo perispiritual do enfermo, repercutindo dores que se alastravam na matéria mais densa do corpo físico.

Sentindo aquelas dores lancinantes, Valéry trincava os dentes, urrava e se debatia em um frenesi descontrolado. Só então Hector percebeu que ele estava amarrado à cama. Pelo jeito, aqueles ataques vinham acontecendo há um longo tempo e, se não fossem pelas amarras, Valéry acabaria caindo do leito a cada ataque.

Hector ficou pasmo diante do que via e perguntou a Corine o que significava aquilo.

— Trata-se de um processo obsessivo - ela explicou. — Valéry tem uma dívida moral e está pagando por ela.

Corine olhou para Hector e perguntou:

— Você não está reconhecendo essa infeliz que tortura Valéry?

— E deveria reconhecer? - ele questionou, fazendo um muxoxo.

— Sim. Foi para isso que eu o trouxe aqui. Olhe bem para ela, Hector...

Então ele olhou com atenção para a maltrapilha e aos poucos foi se dando conta de quem estava por trás daquela aparência decadente.

— Sophie? - ele falou, sem conseguir conter o espanto.

Nesse momento, a mulher pareceu ter percebido algo. Abandonou por uns segundos o processo de tortura a que submetia Valéry e olhou em torno de si. Mas logo voltou a se concentrar no que estava fazendo.

Valéry continuava em convulsões e Gerard o ajudava como podia, tentando abrandar a violência de seus movimentos convulsivos e dos urros que pareciam arrancados de sua própria alma.

Hector foi tomado por um forte sentimento de piedade e ao mesmo tempo de remorso. O velho remorso que o levara ao fundo do poço ameaçava voltar com força total. Quis se aproximar de Sophie, envolvê-la em um abraço, pedir perdão... Mas ficou paralisado, sem conseguir dizer nada.

Corine o puxou pelo braço e fez sinal para que saíssem dali. Hector a acompanhou vacilante. Estava inquieto e cheio de dúvidas na cabeça.

— Mas o que está acontecendo, afinal?

Corine se sentou em um dos bancos do jardim e bateu levemente no encosto ao seu lado:

— Sente-se aqui, Hector. Preciso lhe fazer uma importante revelação e quero que você me ouça atentamente.

Hector sentou-se e esperou que ela falasse.

— A verdade, meu querido, é que Sophie não se matou.

— O quê? Como assim? Você está enganada. É claro que ela cometeu suicídio... Deixou inclusive um bilhete explicando sua atitude...

Corine fez um sinal para que ele silenciasse e explicou:

— Hector, eu estou aqui na condição de uma irmã que o ama muito e que lhe quer muito bem. Mas também porque fui designada para ajudá-lo a recuperar as suas memórias. Portanto, antes de procurá-lo, eu tive de me informar sobre tudo o que aconteceu em sua última encarnação. Por favor, tente não duvidar de nada do que estou lhe dizendo, apenas ouça e faça as perguntas que julgar necessárias, mas não duvide.

Ele baixou a cabeça, constrangido. Apesar da docilidade em seu tom de voz, Corine foi bastante firme em suas colocações.

— Está bem. Desculpe-me - foi só o que ele conseguiu dizer.

Ela sorriu e acariciou o rosto dele para descontrair o clima.

— Ouça, meu querido. O suposto suicídio de Sophie foi uma grande cilada armada por Valéry. Tudo aquilo foi arquitetado por ele. Valéry nunca aceitou o seu namoro com ela. O vinho envenenado que ela tomou foi dado por ele, sem que ela soubesse que havia veneno nele. O bilhete que ela escreveu foi a pedido dele, como se ele estivesse abrindo mão de publicar o seu livro. Se tivessem investigado mais criteriosamente, iriam concluir que a assinatura abaixo do bilhete foi uma falsificação das letras de Sophie. Ela nunca assinou aquela mensagem.

E Corine descreveu todos os detalhes do infame assassinato de Sophie. Quando ela terminou a narrativa, Hector estava incrédulo e disse com a voz embargada pela indignação:

— Meu Deus! E pensar que eu sofri tanto acreditando que Sophie havia se matado por minha causa... Como Valéry pôde ser tão cruel? Como pôde tirar a vida de uma pessoa que compartilhava a sua amizade, por tão pouco?

Corine novamente o acolheu em seus braços e o acalmou.

— Às vezes, o que nos parece banal é mais complicado do que supomos. Por trás de atitudes aparentemente inexplicáveis, podem estar ocultadas razões bem mais contundentes. São as marcas negativas do tempo agindo sobre nós, meu querido! São os vestígios nocivos dos vícios morais que vamos adquirindo e do manancial de ofensas que seguimos distribuindo ao longo da vida e que vão gerando consequências imprevisíveis.

Hector não entendeu nada do que ela disse. Então Corine explicou, após breve silêncio:

— Nós somos seres muito antigos e trazemos em nosso histórico de vida todo o tipo de imperfeição que se possa imaginar. Já cometemos muitos delitos e também fomos vítimas de muitas perseguições. E esses episódios muitas vezes fazem parte das provações a que somos submetidos e que, por incrível que pareça, contribuem para a nossa evolução.

— Evolução pelo sofrimento... - ele disse, como se pensasse em voz alta.

— E pela superação - Corine completou. — Evoluir significa, entre outras coisas, superar as marcas do sofrimento que tais provações vão deixando em nós. A superação desses vestígios negativos, demarcados pelo sofrimento, nos fortalece e nos torna mais preparados para seguir adiante. Mas até que os superemos, nos tornamos vítimas do nosso próprio despreparo para encarar esses instrumentos corretivos como remédio e não como humilhantes castigos.

— Sim, faz sentido. Mas eu posso fazer duas perguntas? - Hector interferiu.

Ela acenou positivamente e ele questionou:

— O que tudo isso que aconteceu e que continua acontecendo lá dentro daquele quarto, no qual Sophie tortura o Valéry, tem a ver com a minha vida? E por que você me trouxe aqui para ver aquilo?

— O que está acontecendo tem tudo a ver com vocês, Hector. Nossas vidas são compostas de uns poucos encontros e de muitos reencontros, sabia? A maior parte das pessoas com as quais nos relacionamos afetivamente já esteve conosco em outras experiências encarnatórias. Eu o trouxe aqui para que você convença Sophie a desistir da vingança que impõe a Valéry.

— O quê? Você não acha que está me pedindo demais? É claro que o comportamento de Sophie é condenável e me causa repulsa. Mas ela julga ter as suas razões para fazer aquilo, afinal, Valéry a matou covardemente. Quais argumentações eu poderia usar para convencê-la a desistir de se vingar?

— O argumento de que, se Valéry desencarnar naquelas condições, Sophie será responsável por isso e o desfecho dessa história que ainda está em curso será muito pior. Ela sairá da condição de vítima para a de algoz.

Corine segurou a mão de Hector. Ela sempre agia assim quando ele ficava agitado.

— Meu querido, entenda! Tudo o que nos acontece tem uma razão de ser. Nada é fortuito ou desarrazoado. Deus não permite injustiças. Ele permite apenas as expiações, pois, como já lhe disse, elas possuem papel corretivo para a evolução do Espírito.

Hector a olhou interrogativamente. Aquela história estava tomando um rumo cada vez mais confuso para o seu entendimento.

— Dá para explicar isso melhor?

— Sim, mas não sou eu que vou lhe contar. Você mesmo terá condições de saber sobre o que estou falando.

Capítulo 21

O esquecimento só existe durante a vida corpórea. Voltando à vida espiritual, o Espírito reencontra a lembrança do passado. Trata-se, portanto, apenas de uma interrupção momentânea, como a que temos na própria vida terrena, durante o sono, e que não nos impede de lembrar, no outro dia, o que fizemos na véspera e nos dias anteriores.

O Evangelho segundo o Espiritismo
Capítulo 5 – item 11

Chaves do passado

Corine orientou Hector a ficar em silêncio e a buscar nos recônditos da mente as recordações de sua última encarnação, explicando que ali, no plano espiritual, isso seria bem mais fácil de ser feito do que no plano material, em que dificilmente se consegue desvencilhar das interferências físicas, o que impossibilita a concentração necessária.

Pediu que ele se concentrasse fortemente e solicitasse autorização à espiritualidade amiga para pesquisar o próprio passado, uma vez que o fazia por uma causa justa.

— Crie mentalmente as chaves com as quais você destrancará suas gavetas mentais e vasculhe-as devagar, com equilíbrio e segurança.

Hector a obedeceu e, aos poucos, umas imagens foram se formando em sua mente. Não havia a menor dúvida de que elas retratavam o que ele fora e vivera em sua penúltima experiência na carne. Tudo aquilo era muito real e chegou a um ponto em que Hector já conseguia antever a sequência das cenas assistidas, pois ele mesmo as protagonizara em um passado não muito remoto.

***

Naquela encarnação, ele era um escritor que viveu na mesma luxuosa residência que agora pertencia a Valéry. Hector possuía muito talento para a escrita, mas se dedicava a um tipo de literatura licenciosa que ia desde a negação da existência de Deus à conclamação da liberdade total de ação dos homens ricos e poderosos, em desrespeito às leis civis e aos direitos dos menos privilegiados. Por difundir essas ideias, ele era muito admirado entre a classe dominadora e conquistou a simpatia de um número razoável de seguidores.

Possuindo boa situação financeira e nenhum escrúpulo, sua vida era uma verdadeira farra. Envolvia-se em escandalosas aventuras amorosas e promovia em sua residência apresentações teatrais que representavam peças obscenas nas quais realizava as fantasias mais bizarras. Para isso, havia mandado construir o suntuoso salão de festas que Valéry, muito mais tarde, usaria para a realização dos bailes de máscaras.

Para contracenar nessas apresentações, Hector contratava mulheres e rapazes bonitos e libertinos que recebiam boa remuneração para atuarem. Nesses eventos ele recebia convidados especiais, geralmente pessoas ricas e influentes, com as quais mantinha estreito relacionamento e dos quais arrancava vultosas quantias para as divertidas noites de seus concorridos eventos.

Hector (que naturalmente possuía outro nome à época) alcançou a maturidade dos quarenta anos sem amadurecer mental e moralmente. Continuava solteiro, pois achava melhor a liberdade de ter várias mulheres do que ter uma só. Porém, há mais de uma década, morava em sua casa uma mulher chamada Anne. Ela era uns cinco anos mais nova do que ele e trabalhava como governanta.

Anne, que fora acolhida em um momento de grande dificuldade financeira, conhecia todos os defeitos do patrão e, ainda assim o servia com uma fidelidade canina, ajudando-o, inclusive, a preparar as temporárias representações obscenas.

Em uma manhã, o escritor estava lendo uns originais em seu escritório, quando Anne entrou com um ar de preocupação e disse ter algo importante a dizer.

— Pois fale logo, mulher! Não precisamos de rodeios entre nós. O que houve?

Ela esfregou nervosamente as mãos e baixou a cabeça.

— Bem... Há uma coisa que eu nunca lhe falei sobre a minha vida...

O patrão levantou-se, caminhou até ela e a segurou levemente pelos ombros.

— Anne, você não é apenas uma serviçal desta casa. É pessoa de minha total confiança e consideração. Nada do que você diga vai mudar isso. Se tem algo a dizer, diga sem rodeios, por favor.

Então ela contou que tinha uma filha adolescente, fruto de aventura inconsequente com um homem casado que não assumiu a paternidade. A menina era bem novinha quando Anne se empregou ali e, temendo que ela pudesse ser um empecilho à sua vida profissional, preferiu omitir o fato, deixando-a aos cuidados dos avós maternos.

Em seus dias de folga, Anne ia visitar os pais e ficava durante horas conversando com a filha. Às vezes, quando o tempo estava bom, elas saíam para passear em um parque e Anne levava algumas telas para pintar. Ela possuía clara vocação para as artes plásticas e tinha como *hobby* retratar a natureza, normalmente usando cores fortes e vibrantes.

Mas agora os pais de Anne não queriam mais ficar com a neta, pois ela estava passando por uma fase terrível de rebeldia e desobediência, causando-lhes vários problemas e preocupações.

— Não sei o que fazer - Anne disse, por fim. — Não acho justo insistir que meus pais continuem com a menina. Afinal, eles não têm obrigação nenhuma de cuidar dela. Fizeram-no até aqui por consideração e encaram sua rebeldia como desrespeito e ingratidão. A relação entre eles está muito tumultuada. Minha filha também tem me implorado para viver comigo. Eu não sei o que fazer. Já expliquei que não tenho casa própria, que moro no trabalho...

— Traga-a para cá - o escritor disse com determinação.

Anne ergueu os olhos e o encarou.

— Como é?

— Disse para você trazer sua filha para cá. Aliás, se tivesse me contado essa história antes, ela já estaria vivendo com você há muito tempo.

— Mas... Não será um problema?

— Isso nós só vamos saber com o tempo. Mas que diabos, Anne? Você é mãe dela e com certeza saberá como mantê-la sob controle.

A governanta ficou tão eufórica que não encontrou palavras para agradecer ao patrão. Disse um breve

"Deus o abençoe", mas logo se arrependeu e saiu correndo dali, pois se lembrou que ele não acreditava em Deus.

Ele não conseguiu deixar de rir da atitude infantil daquela mulher que tinha normalmente uma postura austera e equilibrada. Entendeu que aquilo era fruto da alegria por ter a aprovação para acolher a filha e isso o deixou realmente feliz. Apesar de sua natureza fugaz, o patrão gostava de ver Anne feliz.

Capítulo 22

Se a riqueza só tivesse de produzir o mal, Deus não a teria posto na Terra. Cabe ao homem transformá-la em fonte do bem. Se ela não é uma causa imediata do progresso moral, é, sem contestação, um poderoso elemento do progresso intelectual.

O Evangelho segundo o Espiritismo
Capítulo 16 – item 7

Sentimentos e interesses

O indolente escritor não fazia a menor ideia de que aquela vida tão despreocupada estava com os dias contados. E a única pessoa responsável pelas suas inquietações haveria de ser ele mesmo, ou melhor, o seu descontrole emocional e a mania de ter todas as vontades prontamente atendidas.

E todo esse martírio teve início quando ele colocou pela primeira vez os olhos sobre July, a filha de sua governanta. Mocinha graciosa, de quinze anos de idade, corpo escultural, rosto delicado, cabelos e olhos escuros e uma aura de mistério no semblante, que o deixou fascinado.

Apesar de ter vivido muitas aventuras amorosas e se relacionado com mulheres bonitas, ele nunca havia se sentido tão atordoado diante de uma presença feminina. Foi surpreendido, porque julgou que a filha de Anne fosse uma criança, uma menina mirrada e sem graça, com o rosto cheio de espinhas inflamadas. Mas, não era nada disso. Tratava-se da mais linda e encantadora mulher que seus olhos já tinham visto!

E a partir daquele instante, July passou a povoar as mais inconfessáveis fantasias na cabeça do autor. Sua presença pela casa era uma constante tortura para ele, que deixava qualquer coisa que estivesse fazendo para ficar observando-a a distância, olhos cobiçosos, cheios de intenções maliciosas.

July quase nunca falava com o patrão de sua mãe e, quando o fazia, tratava-o com muita deferência, chamando-o respeitosamente de *"Mon seigneur"*[3]. Certamente fora orientada pela mãe a manter aquele distanciamento. Afinal, tratava-se da relação entre um grande e poderoso escritor e a filha adolescente de uma empregada.

Com o passar do tempo, o escritor passou a ser incomodado por aquele tratamento frio que a moça lhe dispensava e tentou uma aproximação. Aos poucos ela foi se soltando, ficando mais sociável com ele e passaram a conversar como dois amigos.

Quer dizer, amigos na visão dela. Na cabeça fantasiosa do patrão de Anne, July já fazia parte de planos bem mais audaciosos e ele a encarava como sua futura esposa. Não conseguia mais conceber a vida sem a presença da mocinha ao seu lado, como sua mulher.

E foi pensando assim que ele chamou Anne para uma conversa muito séria. Contando mais uma vez com a inquestionável fidelidade que ela sempre lhe devotara, abriu o coração e disse que estava apaixonado por July.

A reação da governanta foi levar as duas mãos ao peito e exclamar:

— Minha Nossa Senhora! Isso não podia ter acontecido!

O patrão a encarou desapontado. Em sua concepção egocêntrica e narcisista, ele se achava um "prato

---

[3] **Meu senhor.**

cheio" para uma menina que, apesar de linda, não tinha onde cair morta. Uma pobre-diaba de futuro incerto. Achou que Anne fosse ficar feliz e agradecida.

— Isso é tudo o que você tem a me dizer? - perguntou exaltado.

Anne se retraiu, fez-se de desentendida, tentou sair pela tangente...

— Minha filha é só uma criança ainda...

— Criança? - ele disse em meio a um riso irônico. — Só se for para o seu olhar maternal. July é uma mulher linda! Está pronta para a vida, para ser a esposa de um homem rico e para lhe dar netinhos lindos e inteligentes.

A mulher estava totalmente perdida, sem saber o que falar.

— Mas... Mas... - tentava inutilmente se agarrar a qualquer palavra salvadora, mas não encontrava nenhuma.

O escritor pôs fim à conversa, pedindo a ela que se retirasse e que pensasse com carinho e responsabilidade sobre o que tinham conversado. Havia um dissimulado tom de ameaça na voz do patrão. Anne sabia que se não o ajudasse a desposar July, estaria demitida. Sabia também que, com a grande influência que ele tinha na cidade, ela teria dificuldade em conseguir um emprego tão promissor quanto aquele.

Assim, refletindo com calma e considerando que a proposta não era, de fato, um mau negócio, Anne começou a preparar o espírito da filha para que aceitasse seu patrão como esposo. Mas a reação da menina foi pior do que o esperado.

— O quê? Eu me casar com aquele velho babão? Nem pensar! - ela respondeu ao ouvir a proposta que a mãe lhe fizera.

— Preste atenção, filha! Somos pobres, não temos nem lugar para morar. Se você aceitar a proposta, nós ficaremos bem. Viveremos aqui para sempre, com todo esse conforto. Seus filhos serão ricos e felizes...

— Não, mãe! Chega! - July gritou, expondo sua natureza agressiva. — Eu não estou à venda e não acredito que alguém possa ser feliz apenas porque é rico. Se fosse assim, não haveria tanto milionário infeliz no mundo.

É claro que a menina estava coberta de razão e qualquer pessoa dotada de bom senso veria isso. Mas bom senso era uma coisa que passava distante dos interesses egoísticos e visionários do escritor. Assim, quando Anne o procurou para dar a resposta negativa da filha, a atitude dele foi bastante fria.

— Então, minha querida, sinto muito! Vocês terão de fazer as malas e partir.

Anne repetiu a atitude de colocar as mãos sobre o peito.

— Ah, meu Deus! Mais essa! Quer dizer que ficarei desempregada?

Ele a olhou com indiferença.

— Bem... Eu só estou mandando-a embora. Quanto a ficar desempregada ou arranjar outro trabalho, isso é problema seu.

Ela começou a choramingar.

— E se eu mandar July de volta para a casa dos avós? Se tudo voltar a ser como antes?

— Impossível - o patrão respondeu. — Minha vida nunca mais será como antes e, aliás, a sua também não. Você pode ter uma vida muito melhor daqui por diante, como minha sogra, ou poderá ter uma vida bem mais complicada, como desempregada.

— E o que sugere que eu faça? - ela perguntou entre soluços.

— Que use a sua autoridade de mãe. Que convença sua filha a aceitar a minha proposta, impondo sobre ela a sua soberania.

Silenciaram. Apenas os soluços de Anne e o *tic-tac* do relógio de parede podiam ser ouvidos no escritório em que a conversa se desenrolava.

— Está bem - ela disse antes de sair. — Vou ver o que consigo.

No fundo, o escritor não tinha certeza se conseguiria mesmo mandar Anne embora. Gostava dela. Mas isso seria decidido somente depois de haver se esgotado a possibilidade de usar aquela chantagem como trunfo para o que desejava.

Capítulo 23

As leis podem modificar momentaneamente o exterior, mas não podem modificar o coração: eis porque têm um efeito temporário e provocam sempre uma reação mais desenfreada. A fonte do mal está no egoísmo e no orgulho. Os abusos de toda espécie cessarão por si mesmos, quando os homens se dirigem pela lei da caridade.

O Evangelho segundo o Espiritismo
Capítulo 16 – item 8

Sórdida cumplicidade

Dessa vez, a conversa entre mãe e filha não foi nada cordial. O escritor chegou a ouvir parte da discussão, pois ambas falavam aos gritos, trocavam insultos e choravam às vezes.

Porém, uma parte do diálogo praticamente gritada por July, talvez por acreditar que ele estivesse ouvindo, chegou-lhe claramente aos sentidos e provocou-lhe uma taquicardia.

— Por que, em vez de querer que eu me case com aquele velho pervertido, a senhora não me deixa namorar o Jean? Com ele, sim, eu me caso até agora se a senhora quiser. Ele é lindo, é jovem, é puro...

— O Jean é apenas o jardineiro desta casa. Ele não tem futuro algum. É um morto de fome que jamais vai poder oferecer uma vida digna a você e aos filhos que poderão ter. Será que não entende?

— Não, mãe! É o meu coração que não entende. Por que é tão difícil para a senhora aceitar as minhas razões? Não sinto absolutamente nada pelo seu patrão. Ele pode ser rico, famoso, inteligente... Mas para mim é um velho asqueroso. Tenho nojo dele!

O patrão trancou-se em seu quarto e não quis ouvir mais nada. Para ele estava explicada a razão de July não aceitá-lo. O jardineiro havia conquistado o coração dela. Tratava-se de um rapaz de dezoito anos, de aparência agradável, que herdara o emprego do pai, após este ficar doente e inválido para o trabalho.

O escritor mal o conhecia, pois mantinha um relacionamento distante com os empregados. Saindo à janela, viu que, coincidentemente o rapaz estava podando umas roseiras ali perto. Ficou observando seu corpo bem delineado, os músculos fortes e rijos da juventude e sentiu ciúmes. Chegou mesmo a invejá-lo. Como desejaria estar em seu lugar, ocupando daquele modo o coração de July.

Seus pensamentos foram interrompidos por leves batidas à porta. Abriu-a e Anne entrou após pedir licença. Estava com os olhos vermelhos e inchados, mas trazia uma expressão firme no semblante.

— Está tudo resolvido - ela disse.

Pelo que tinha ouvido, o patrão esperava que Anne estivesse se despedindo, mas se surpreendeu quando ela completou:

— July vai se casar contigo.

Ele a olhou confuso.

— Como assim? Quer dizer que ela mudou de ideia?

— Ainda não, mas vai mudar. Minha filha é muito nova e não sabe nada sobre a vida. Estou apenas fazendo o que é melhor para ela.

— E o que pretende fazer para convencê-la?

— Tenho meus planos. Só lhe peço liberdade de ação para colocá-los em prática.

O escritor fez um gesto de descaso com as mãos e a boca.

— Bom... Desde que não me comprometa e não tire o sossego da casa, por mim está tudo bem.

***

Fazia parte dos planos de Anne manter July prisioneira em um dos quartos da residência. Havia um cômodo estrategicamente posicionado na parte mais alta do sobrado, no topo de uma longa escadaria com dezenas de degraus. Este quarto praticamente não era usado, devido à dificuldade de acesso.

Anne achava que passar um tempo em reclusão e com algumas restrições, faria July mudar de ideia. E a partir daquele dia, a menina se tornou prisioneira, recebendo apenas a visita da mãe que lhe levava alimento e a ajudava a cuidar da higiene pessoal.

O patrão acompanhava tudo a distância, sentindo certa compaixão pela mocinha, mas sem interferir em nada. Aguardava ansiosamente que o tempo passasse e a fizesse mudar de ideia. De vez em quando, Anne o procurava e dava notícias animadoras.

— July está bem mais calma! Já não reluta tanto em aceitar a sua proposta.

— Mas ela disse que aceita?

— Ainda não, mas estamos quase lá. Um pouco mais de paciência e tudo será resolvido.

Mas ele não tinha tanta paciência para esperar. Olhava-se no espelho e era impossível não ficar se comparando fisicamente com o jardineiro Jean. Não era jovem como o rapaz, nem possuía aquele porte gracioso. De repente, começou a se sentir incomodado pelo excesso de gordura localizado na região abdominal.

Chegou também a pensar em demitir o rapaz, mas se lembrou que o salário dele, que era filho único, sustentava a casa, já que seu pai permanecia doente. Apesar de ser uma pessoa egoísta, alguns rompantes de comiseração levavam-no, às vezes, a ser comedido em suas atitudes.

Assim, tudo o que lhe restou fazer foi cruzar os dedos, esperar o tempo passar e, na medida do possível, tocar a vida. Ele estava terminando de preparar uma peça que seria apresentada em poucos dias e que tinha por tema uma história picante, com cenas bastante escandalosas entre um casal, que deveria ficar nu na penumbra do palco. Muita gente já havia reservado suas vagas para a estreia da peça, tendo inclusive feito o pagamento adiantado como garantia de não ficar de fora.

***

Uma semana antes da estreia da peça, Anne procurou o escritor e disse que July aceitara conversar com ele, mas fizera uma exigência: ela queria tomar banho de sol no jardim. Estava com saudade das flores e das borboletas, afinal, havia mais de um mês que se encontrava enclausurada.

— A ideia de mantê-la em cativeiro foi sua - o patrão ponderou. — Portanto, faça o que achar melhor.

E quando Anne saiu, ele comemorou abrindo uma garrafa de vinho e brindando diante do espelho. Sentia que a vitória estava próxima.

Uma hora depois, observando por trás da cortina da janela, viu o momento em que as duas chegaram ao jardim. Sentaram-se em um banco e ficaram conversando. De repente, July se levantou e começou a perseguir as borboletas que sobrevoavam uns canteiros de flores. Anne estava tensa e não a deixava se afastar muito.

O escritor ficou olhando aquela cena e, um pouco entorpecido pelo efeito do vinho que acabara de tomar, foi invadido por fortíssima emoção, imaginando aquela linda menina que perseguia borboletas, com seus cabelos esvoaçantes ao vento, em breve dividindo com ele o leito de amor. Sentia-se o homem mais poderoso do mundo e teve grande orgulho de si mesmo.

Porém, cenas inesperadas aconteceram muito rapidamente, sem que Anne pudesse controlar. Jean havia acabado de chegar ao jardim e, ao vê-lo, July saiu em disparada, alcançou-o e se atirou vertiginosamente nos braços do jardineiro que, pego de surpresa, desequilibrou-se e caiu sobre um canteiro de flores.

July não se perturbou com a queda. Ao contrário, aproveitou-se de haver caído por cima de Jean, envolveu-o em um forte enlace e começou a beijá-lo ensandecidamente. O rapaz, atordoado, relutou inicialmente, mas acabou cedendo e o beijo durou até o exato instante em que Anne conseguiu, com muita dificuldade, arrancar a filha daquele insano enleio.

Assistindo àquela cena sem nada poder fazer, o patrão estava indignado, cheio de ódio e ciúme. O sentimento de euforia de momentos atrás foi substituído pela cólera, que se agravou ainda mais quando July, olhando para o alto, em direção à janela de seu escritório, começou a gritar, demonstrando saber que ele estava lá:

— Eu não vou ficar com você, seu velho nojento! Eu amo o Jean e é com ele que vou me casar, ouviu? Você pode comprar a minha mãe, mas a mim, não! Ouviu, seu pervertido?

E ela continuou com aqueles insultos, até que Anne conseguiu arrastá-la de volta ao aposento e trancar a porta. Depois o patrão ouviu gritos, estalos de tabefes e o pranto escandaloso de July pedindo para morrer. Mas continuou impassível. Estava com o orgulho ferido, sentindo-se humilhado demais por tudo o que havia acabado de ver e ouvir.

Capítulo 24

No seu frenesi, o homem colérico se volta contra tudo, à própria natureza bruta, aos objetos inanimados, que espedaça, por não o obedecerem. Ah!, se nesses momentos ele pudesse ver-se a sangue frio, teria horror de si mesmo ou se reconheceria ridículo!

O Evangelho segundo o Espiritismo
Capítulo 9 – item 9

Trágica vingança

Pouco depois, o escritor mandou chamar Jean e Anne em seu escritório. Estava tão contrariado, que já não fazia distinção entre seus diferentes níveis de função e colocou os dois no mesmo patamar. Depois do ocorrido, continuara bebendo e umas ideias mirabolantes começaram a se consolidar em sua mente.

Ambos chegaram acabrunhados, expectantes e cabisbaixos. A primeira atitude do patrão, antes mesmo de dizer qualquer coisa, foi dar um soco na mesa, o que os fez estremecer.

— Alguém vai me explicar o que diabos aconteceu em minha casa, hoje? - perguntou aos gritos.

Com voz trêmula, Anne se antecipou tropeçando nas sílabas:

— A culpa foi toda minha, patrão... Peço que me perdoe...

Ele se levantou da cadeira. Caminhou vagarosamente até perto deles e os circundou, olhando-os com raiva.

— E você, seu fedelho? O que tem a me dizer? É desse modo que me agradece por eu ter lhe deixado ficar com o emprego do seu pai?

Jean gaguejou qualquer coisa, mas de modo tão confuso e baixo que não deu para compreender.

— Fale direito! - o patrão urrou próximo ao ouvido dele. — Se tem coragem para ficar se refestelando com uma garota sobre os meus canteiros de flores, deveria tê-la também para enfrentar as consequências do que fez.

— Eu fui pego de surpresa, patrão - ele respondeu de modo mais inteligível dessa vez. — Quando vi, a mocinha já estava em cima de mim... Não pude evitar.

— Ah, mas você adorou, não foi?

O rapaz permaneceu mudo e Anne interferiu:

— Patrão, eu já disse que a culpa foi minha. O Jean realmente não teve culpa.

Ele voltou para junto da mesa e se sentou. Tomou uma golada de vinho. E disse com um tom de voz um pouco mais controlado:

— Bem... O que está feito, está feito. Mas as consequências estão aí e exigem reparação.

— O senhor vai nos mandar embora? - Anne perguntou.

O escritor fez longa pausa propositalmente antes de responder.

— Depende.

Os dois finalmente ergueram a cabeça e o olharam curiosos.

— Depende do quê? - Anne perguntou.

— De vocês aceitarem ou não a proposta que vou lhes fazer.

Dessa vez Jean e Anne se entreolharam.

O patrão mandou que os dois se sentassem em uma poltrona que ficava ao lado de sua mesa e, durante meia hora expôs o plano que tinha em mente. Ao terminar o relatório, Anne perguntou se não havia outra opção e a resposta foi peremptória:

— Ou vocês aceitam o que eu proponho, ou vão embora imediatamente. Ah, e só vale se for aceito pelos dois. Um apenas não me interessa. Vocês têm uma hora para decidirem e me dar a resposta.

Nem foi preciso esse tempo. Dez minutos depois, Anne o procuraria para dizer que estavam de acordo e que a preparação para a consecução do plano poderia ser iniciada no momento que ele quisesse.

***

E chegou o grande dia da estreia da peça ansiosamente aguardada. O autor ficou tão atarefado naquele período que pouco pensou na situação de July e não fez questão de acompanhar as ocorrências entre mãe e filha, depois do episódio constrangedor em seu jardim.

À noite, um pouco antes da estreia da peça, Anne conduziu July ao escritório dele. A menina estava linda, usando um vestido com que fora presenteada especialmente para o evento. O patrão não sabia quais foram os argumentos que Anne usou para convencer a filha a lhe fazer companhia no teatro, mas isso fazia parte do acordo celebrado entre eles.

July estava visivelmente contrariada e nem se deu ao trabalho de olhar para o escritor, mas ele já esperava aquela atitude e não ficou nem um pouco surpreso.

Mais tarde, no ambiente penumbroso do teatro, terminou o primeiro ato, com a participação de vários atores. O segundo ato seria representado pelo casal, que deveria ficar completamente nu no palco, usando apenas máscaras e promovendo cenas extremamente lascivas.

July, inicialmente, ficou estarrecida diante daquilo. Porém, dominada por sua natureza geniosa, manteve-se firme e desafiadora, como se assistir àquelas cenas fosse a coisa mais natural do mundo. O autor a observava e se divertia, saboreando a vingança que andava em curso.

Ao fim da apresentação, que fora bastante aplaudida, ele puxou July pelo braço. Ela relutou, tentando se livrar, mas ele apertou mais fortemente o pulso dela e praticamente a arrastou.

— Para onde você está me levando, seu grosso? - a menina protestou.

— Calma! Só vamos cumprimentar os atores, sua chata! - ele respondeu sem olhar para ela.

Quando se aproximaram do palco, o escritor fez um discreto sinal e o casal, que já havia vestido roupões, tirou as máscaras. Diante do que viu, July deu um grito histérico e saiu em disparada, sem que ninguém conseguisse detê-la. Enquanto isso, o escritor sorria feliz, olhando para Anne e Jean que, ainda com as máscaras na mão, recebiam os cumprimentos do público por sua brilhante apresentação.

***

July estava deitada no quarto que lhe servia de cativeiro. Chorava desesperadamente, com o rosto enfiado entre os travesseiros. Sentia um ódio imenso em seu coração, uma revolta indescritível que agora envolvia Anne, Jean e o escritor. Em sua mente as imagens da própria mãe protagonizando aquelas cenas escandalosas com o eleito do seu coração ficavam se repetindo insistentemente.

Quando a menina pareceu acalmar-se, sentiu o toque suave de uma mão a acariciar-lhe os cabelos. Era Anne que entrara sutilmente no quarto e começou a sussurrar, com voz chorosa:

— Perdoe-me, filha! Eu não queria fazer aquilo...

July saltou da cama, fechou os punhos e rosnou bem próximo ao rosto dela:

— Não toque em mim, sua traidora! Eu nunca vou perdoar o que vocês fizeram comigo! Suma da minha frente agora!

Anne tomou uma postura de defesa.

— Espere, filha! Vamos conversar...

— Suma daqui, eu já disse!

Naquele momento o escritor também entrou no quarto. Havia bebido muito e estava irritado com toda aquela gritaria. Queria dizer uns desaforos àquela garota mimada.

Percebendo sua presença, Anne decidiu tomar uma postura mais agressiva em relação à filha. Ela não queria ter mais problemas com o patrão.

— July, se você não se acalmar, eu vou lhe dar umas bofetadas, sua mal-educada!

Mas a menina não se intimidou.

— Já que você não sai, saio eu.

Disse isso e avançou em direção à porta. Mas, assim que passou pelo escritor, ele a segurou pelas costas, prendendo a alça de seu vestido. A menina deu um tranco violento para frente, rasgando parte da roupa, que ficou na mão dele. Àquela altura, ela já estava ultrapassando o umbral da porta quando ele tentou detê-la pela cintura, mas July se esquivou e, ao fazê-lo, desequilibrou-se e rolou escada abaixo, batendo a cabeça diversas vezes durante a queda.

Anne e seu patrão correram para acudi-la, mas já era tarde. July estava mergulhada em uma poça de sangue que jorrava de profundo ferimento na nuca. Ela já não respirava e nada mais podia ser feito para salvá-la.

Capítulo 25

Não julgueis, oh! Não julgueis, meus queridos amigos, porque o juízo com que julgardes vos será aplicado ainda mais severamente, e tendes necessidade de indulgência para os pecados que cometeis sem cessar.

O Evangelho segundo o Espiritismo
Capítulo 11 – item 14

Revolta de Sophie

Aquele processo de recordação do passado demorou pouquíssimo tempo para se apresentar diante de Hector. Ao fim dele, Corine, que a tudo acompanhara atentamente e percebia agora o seu terrível estado de espírito, perguntou-lhe:

— E então, ainda acha justo que Sophie se vingue de Valéry?

Hector realmente estava transtornado com o que acabara de ver.

— Que loucura, meu Deus! - foi tudo o que conseguiu dizer, esfregando e balançando a cabeça, como se quisesse espantar aquelas imagens.

Corine fez um breve silêncio. Depois se levantou, estendeu a mão e o convidou:

— Vamos ajudar Sophie?

***

Voltaram ao aposento de Valéry. Corine achou melhor que o encontro fosse apenas entre Hector e a obsessora, e se afastou dali. Hector se aproximou cautelosamente e chamou Sophie pelo nome. Ela levou um tempo para se virar e, vendo-o, demonstrou não tê-lo reconhecido.

— O que foi? - perguntou secamente. — Quem é você? O que está fazendo aqui?

— Sophie, sou eu, Hector. Não me reconhece?

— Não! - ela respondeu com indiferença e virou as costas, voltando a se ocupar da tortura a Valéry.

Por um momento, Hector não soube o que fazer, até que foi inspirado pelo que lhe pareceu ser uma boa ideia. Concentrou-se e, surpreendido por uma instantânea clareza mental, conseguiu recordar os versos do soneto que começou a declamar, pausadamente:

A vida é muito mais que um sopro apenas;
é força inexorável e imortal;
magnífica energia universal
sobrepujando lágrimas e penas...

A vida é mais que o dote material
de fúteis alegrias tão pequenas;
são luzes resplendentes e serenas
de imorredouro ser espiritual.

Jamais pense encontrar na sepultura
o fim dessa magnífica estrutura
de amor indestrutível construída...

A alma é uma semente eternizada
que quando à cova fria for lançada,
em vez de morte, encontrará só vida!

Quando terminou a declamação, Sophie o encarava com um semblante mudado. Aproximou-se e, olhando-o demoradamente, disse:

— Você é o "poeta celestial"?

Ele quase disse que não, já que aquele tratamento o deixava agora muito constrangido. Mas, se negasse, perderia a oportunidade de conquistar a confiança dela.

— Sim, Sophie! Sou eu mesmo. Lembra-se de mim?

Ela depôs sobre a cama os instrumentos de tortura, aproximou-se e o acariciou no rosto.

— Mas é claro! Você é o meu amado poeta! Por que demorou tanto para vir ao meu encontro?

Hector pensou em dizer qualquer coisa, mas não encontrou palavras. Estava envolvido por sentimentos desconexos e confusos que não o deixavam raciocinar direito. Então Sophie apontou para Valéry e disse:

— Você veio me ajudar a destruir esse maldito assassino, que obstruiu a nossa felicidade?

Só então Hector voltou à realidade e se lembrou do objetivo de estar ali.

— Não, Sophie! Não vim aqui para isso. Na verdade, vim pedir para você desistir dessa vingança inútil. Vim pedir que perdoe esse infeliz.

Sophie o olhou com tristeza e começou a chorar, um choro carregado de mágoa e indignação.

— Perdoar? Você sabe o que essa víbora fez comigo? Ele me envenenou! Matou-me covardemente apenas para me afastar de você. Para não nos deixar ser felizes...

— Eu já sei de tudo - Hector respondeu com voz amarga. — Acabei de ficar sabendo de tudo o que ele fez a você.

— E ainda assim acha que eu devo perdoá-lo?

— Acho que você deve deixar que Valéry ajuste as contas com Deus.

— Deus? E o que Deus fez para impedir que esse miserável me matasse?

— Deus respeita o livre-arbítrio de todos, inclusive as fraquezas morais que possuímos, mas, creia, nenhum crime fica impune. Além disso, veja, você não está morta. Está revoltada, confusa, com muito ódio no coração... Mas continua viva!

Ela silenciou por um instante, soluçando profundamente. Hector teve a impressão de que Sophie já estava cansada daquela perseguição ao seu assassino. Talvez estivesse apenas esperando uma razão convincente para abandonar tudo aquilo.

Tomou coragem e a envolveu em um abraço, depondo a barreira mental que os separava. Foi um abraço todo espiritual, no qual ele pôde sentir, por trás daquela criatura vingativa e rancorosa, a mulher sensível e carinhosa que o encantara tempos atrás, no plano material.

— Sophie, vamos fazer assim: você me acompanha até lá fora por um tempinho. Vamos conversar longe deste ambiente.

— Sair daqui? E o que eu ganho com isso? - ela perguntou secando os olhos com as mangas rotas de seu vestido maltrapilho.

— Se você conseguir me convencer de que merece ajuda para levar adiante a sua vingança, eu me junto a você.

Ela o olhou um pouco desconfiada.

— E se eu não conseguir?

— Bem... Nesse caso, eu vou embora.

Hector a puxou delicadamente pelo braço, convidando-a para sair, mas ela ainda relutou por um tempo. Por fim, aquiesceu.

— Está bem, mas tem de ser breve, ouviu?

Caminharam até o jardim e se sentaram sob o pé de *flamboyant* em que costumavam ficar no passado. Sophie mal se sentou e começou a desabafar, contando tudo o que sofrera nas mãos de Valéry. Falou também dos tormentos que enfrentara vendo-se totalmente perdida nas regiões inferiores do plano espiritual, após seu traumático desencarne.

— Custei a me dar conta de onde estava e do que havia acontecido - ela disse. — Andei por lugares escuros, tenebrosos. Fui perseguida por pessoas esquisitas, violentas, que tentavam me agredir o tempo todo. Mas, depois de um tempo, encontrei outros que se simpatizaram comigo e me ensinaram como chegar a Valéry. Aprendi também a manipular os fluidos e a criar os instrumentos que utilizo para empreender minha vingança contra ele. Não foi nada fácil achá-lo, mas depois que o encontrei, não dei mais descanso àquele miserável!

Hector a deixou falar tudo o que quis, sem interrompê-la. Percebeu que o desabafo a deixava menos agitada. Ao fim da narrativa, entusiasmada com a atenção que recebera, ela perguntou:

— E então, você vai me ajudar em minha vingança?

— Depende - ele respondeu, tentando atraí-la para o seu campo de ação.

— Depende de quê?

— De você ouvir uma história que eu tenho para contar.

Ela fez um movimento brusco com as mãos.

— Ah, não! Não quero ouvir história alguma...

Hector ponderou calmamente:

— Sophie, eu ouvi a sua história e agora preciso que você ouça a minha, por favor! Se depois disso, você ainda achar que deve se vingar de Valéry, eu a ajudo, conforme prometi.

Ela voltou a se animar.

— Está bem! Então conte o que quiser. Ouvirei com atenção.

— Isso mesmo! Preciso que você preste bastante atenção, que finja estar em um teatro, assistindo a uma peça. Procure criar as personagens e as cenas em sua mente. Combinado?

Sophie assentiu com a cabeça e por um segundo sorriu, como nos velhos tempos.

— Ah, eu sou muito boa nisso!

Capítulo 26

A verdadeira caridade não consiste apenas na esmola que dais, nem mesmo nas palavras de consolação com que as acompanhais. Não, não é isso apenas que Deus exige de vós! A caridade sublime, ensinada por Jesus, consiste também na benevolência constante, e em todas as coisas, para com o vosso próximo.

O Evangelho segundo o Espiritismo
Capítulo 11 – item 14

Perdão e resgate

Sophie começou a reviver as primeiras cenas daquela história, em parte narrada por Hector e em parte projetada em seu campo mental. Nesse primeiro momento apareceram o escritor e a governanta conversando no escritório. Ela acompanhava tudo compenetrada e ao mesmo tempo nervosa, provavelmente já antevendo algumas cenas que ainda não tinham sido mostradas e que reservavam momentos de grandes sobressaltos emocionais, pois tudo aquilo estava armazenado em seu subconsciente.

Aproveitando que Hector fizera uma pausa para tomar fôlego e avivar as lembranças do que narraria a seguir, ela perguntou:

— Somos nós? É a nossa história?

— Sim. O escritor e a governanta somos eu e você. E a casa onde vivíamos é esta mesma onde estamos agora e que pertence ao Valéry. Naturalmente, está mudada, pois passou por reformas, mas se você prestar bem atenção, verá que a estrutura é a mesma.

Sophie assentiu com a cabeça.

— É, eu já havia notado isso também.

— Posso prosseguir? - ele perguntou forçando um sorriso para quebrar aquele clima pesaroso.

Ela voltou a assentir.

O relato de tudo o que Hector havia acompanhado minutos atrás foi rápido e sem interrupções. Assim como ocorrera com ele, Sophie foi ficando cada vez mais chocada com o que ouvia e via projetado em seu campo mental.

Quando foi mostrada a cena final em que July aparecia morta com a cabeça mergulhada em uma poça de sangue, ela finalmente se manifestou, emitindo um grito de horror:

— Meu Deus! O que foi que nós fizemos?

Hector segurou firmemente nas mãos dela.

— Erramos, Sophie! Cometemos uma loucura... Mas isso pertence ao passado.

— Pobre menina... Era minha filha... Como pude aceitar fazer aquilo com ela?

— É passado, Sophie - ele voltou a insistir com voz firme, chamando-a à razão para que ela não se desequilibrasse tanto emocionalmente.

Sophie permaneceu cabisbaixa, repetindo palavras de indignação. Depois de algum tempo, começou a chorar copiosamente e, em meio ao pranto, perguntou:

— Você era o escritor e eu a mãe da menina. Mas quem eram os outros?

Hector ergueu o rosto dela e percebeu como ele estava deformado pelo sofrimento.

— A menina que nós... Que nós... Matamos... É o Valéry reencarnado e o jardineiro Jean é atualmente o Gerard.

Ela se mostrou confusa.

— Mas o Valéry é homem. Nas cenas que eu vi era uma mocinha...

— Exatamente. Por algum motivo, ele voltou em um corpo de homem. Mas é fácil notar que seu comportamento ainda é o de uma mulher.

Sophie balançou a cabeça diversas vezes.

— Como é possível, meu Deus! Como é possível?

Hector apoiou a mão no ombro dela.

— Compreende agora por que Valéry nos odeia? Por que fez de tudo para nos prejudicar, enquanto fingia uma amizade que não nutria por nós?

Ela assentiu com a cabeça.

— Ele não nos perdoou. Mas como pode ter se lembrado de coisas que aconteceram em uma vida passada?

— Na verdade, ele não se lembrou de nada. Apenas se deixou levar pelos sentimentos negativos que cultivava contra nós e que estavam adormecidos, porém bem vivos em seu subconsciente. À medida que fomos estreitando a relação com ele, não necessariamente por amizade, mas muito mais por interesses materiais, demos a Valéry a oportunidade de extravasar o ódio que semeamos em sua alma com as más ações que praticamos no passado.

— Como assim? - perguntou Sophie cada vez mais confusa.

— Estou dizendo que as mesmas atitudes egoísticas que nos levaram a matá-lo naquela encarnação, colocaram-nos nas mãos dele na encarnação seguinte. Se Valéry não possuísse a condição financeira que tem, muito provavelmente nós não teríamos nos aproximado dele.

Ela refletiu por um momento e concordou:

— É verdade. Eu me aproximei do Valéry quando soube que ele era um incentivador cultural e que poderia colocar meus quadros em evidência, já que conhecia excelentes *marchands*.

— Sim. E eu permaneci ao lado dele por causa da vida confortável que ele me oferecia e, depois, pela possibilidade do patrocínio da edição do meu livro. Acreditava que Valéry poderia me transformar em um poeta famoso e bem-sucedido. Percebe que fomos nós, com os nossos interesses pessoais, que nos colocamos nas mãos dele?

Sophie assentiu movimentando a cabeça. Seu olhar parecia perdido e seus pensamentos estavam visivelmente confusos.

— Foi por isso que você me pediu para perdoá-lo? Para desistir da vingança?

— Exatamente. Você ainda acha justo vingar-se dele?

— Não. A imagem de July estirada no chão enquanto fugia de nós dois, não me permite mais pensar em vingança. Não sou menos cruel do que Valéry e, se ele merece ser castigado, eu também mereço.

Hector se aproximou, envolveu-a em um abraço e disse:

— Que bom, minha querida! Se ninguém tomar a iniciativa de perdoar, passaremos a eternidade nos maltratando e promovendo vinganças, porque o papel de vítima e algoz permanecerá entre nós, apenas se alternando a cada encarnação.

Ela retribuiu o abraço dele, porém não conseguiu se manter firme. Disse estar se sentindo cansada e sonolenta. Hector ficou sem ação, até que percebeu a aproximação de um pequeno cortejo.

Era Corine que chegava com dois Espíritos socorristas e uma senhora que ele não conhecia. Corine o apresentou aos três, explicando a Hector que aquela senhora era a mãe de Sophie.

A mulher o cumprimentou com entusiasmo e falou:

— Sabe, meu amigo, você já me salvou duas vezes.

Ele sorriu evasivamente, pois não entendera o comentário. Então ela explicou:

— Quando eu estava para desencarnar e achava que fosse entrar no mundo tenebroso da morte, você, com seus versos, me fez entender que não era nada daquilo. Que do outro lado da vida há mais vida. E agora me salvou, ao salvar também a minha filha. Já havíamos tentado resgatá-la várias vezes, mas foi sempre em vão. Eu estava perdendo as esperanças, quando Corine foi me chamar, dizendo que, graças a você, Sophie estava preparada para ser socorrida.

E, ao dizer isso, a mulher segurou a mão dele e a beijou várias vezes.

— Deus lhe pague, meu filho!

Enquanto conversavam, os socorristas acomodaram Sophie, agora inconsciente, na maca e a cobriram com uma manta. Depois se retiraram em silêncio, deixando Hector novamente em presença de Corine.

— Para onde a estão levando? - ele perguntou.

— Para um lugar especial, onde ela será tratada com muito amor. Dentro de algum tempo estará restabelecida, se Deus quiser! - explicou Corine.

Capítulo 27

Perdoarás, mas sem limites; perdoarás cada ofensa, tantas vezes quantas ela vos for feita; ensinarás a teus irmãos esse esquecimento de si mesmo, que nos torna invulneráveis às agressões, aos maus-tratos e às injúrias, serás doce e humilde de coração, não medindo jamais a mansuetude; e farás, enfim, para os outros, o que desejas que o Pai celeste faça por ti.

O Evangelho segundo o Espiritismo
Capítulo 10 – item 14

Cativeiro e redenção

Depois do resgate de Sophie, Corine permaneceu ao lado de Hector, orientando-o, tirando dúvidas, amparando-o nos momentos de recaída e, sem que ele percebesse, ajudando-o a restituir o seu equilíbrio emocional.

Nesse período, os dois acompanharam a evolução do quadro de saúde de Valéry, agora sem a nociva interferência de sua obsessora. E o que viram foi altamente positivo. Em poucos dias, o cenário apresentado era outro, completamente diferente. Livre das nefastas projeções fluídicas inseridas por Sophie em seu perispírito, Valéry se recompôs. Como parte da enfermidade que se manifestava em seu corpo físico era devidamente tratada pela medicina, ocorreu com ele o que os médicos chamaram de "cura milagrosa".

Na verdade, os profissionais de saúde que há anos cuidavam de Valéry não compreendiam por que os tratamentos dispensados não surtiam efeito. Eles utilizavam os métodos mais modernos, à época, e conseguiam curar pacientes com diagnósticos ainda mais complicados, coisa que não ocorria naquele caso específico.

Se tivessem uma visão espiritual, veriam que a origem da doença estava na ação obsessiva de Sophie e não no organismo físico de Valéry. Que este apenas sentia o reflexo do "veneno" injetado pela vingadora no corpo fluídico de sua vítima.

***

Com o afastamento de Sophie, Valéry se recompôs, readquirindo boa parte da disposição que sempre norteara sua vida. Porém, possivelmente moldado pelo sofrimento, algo havia ocorrido também em suas estruturas emocionais. Ele perdera boa parte daquele comportamento arrogante, tornando-se mais humano e compreensivo.

Mudou também o modo de tratar Gerard, reconhecendo a fiel dedicação a ele dispensada durante aquele aziago período. Às vezes, os ataques impostos por Sophie eram tão intensos, que o paciente não conseguia sequer controlar suas necessidades fisiológicas, promovendo uma imundície terrível ao seu redor.

Além de procurar acalmá-lo, Gerard limpava toda a sujeira, banhava-o e trocava-lhe as roupas quantas vezes fossem necessárias, sem nunca reclamar ou fazer qualquer gesto de censura ou repulsa.

Assim, quando se viu curado, a primeira coisa que Valéry fez foi agradecer ao companheiro de convivência, convidando-o para fazerem uma longa viagem, em homenagem ao que chamou de sua "ressuscitação".

Observando o relacionamento amistoso que finalmente se instalou entre eles, Hector não pôde deixar de comentar com Corine:

— É impressionante como a dor, muitas vezes, acaba se tornando eficaz instrumento de correção.

E ela concordou:

— Principalmente no que se refere a derrotar o orgulho e a vaidade ainda tão arraigados em nossa natureza repleta de imperfeições.

***

O tempo passou e Corine permaneceu ao lado de Hector, sem demonstrar qualquer impaciência ou vontade de se afastar. Suas conversas eram sempre edificantes, recheadas de ensinamentos. Em uma dessas conversas, Hector disse a ela que estava curioso sobre o que considerava uma lacuna em sua história de vida com Sophie.

— Se eu fui o responsável pela morte da July, por que há entre mim e Sophie uma relação amistosa? Ela também não deveria ter guardado mágoa de mim?

E Corine explicou:

— Hector, você não abriu todas as gavetas de seu arquivo mental porque não quis. A imagem da morte de July foi tão forte que criou um bloqueio em suas lembranças, mas elas estão aí, apenas esperando o momento em que você decida libertá-las.

Hector foi obrigado a concordar que sua "irmã" (combinaram que ele não se dirigiria mais a ela com o inapropriado tratamento de "avó") estava corretíssima. A interrupção das imagens projetadas em sua mente ocorrera pela sua própria vontade, ou pela falta de coragem de continuar assistindo.

Assim, ele se concentrou novamente e a sequência daquela história voltou a ocupar-lhe os sentidos, reativando antigos sentimentos adormecidos em sua alma.

***

Tenebroso período seguiu-se ao escândalo ocorrido na casa do escritor. A justiça considerou a morte de July suspeita e um rigoroso processo de investigação foi iniciado. Só então o patrão de Anne descobriu que o número de inimigos que possuía era bem maior do que o de amigos.

Aliás, mesmo entre aqueles que frequentavam a sua casa, houve quem lhe fizesse graves acusações e envidasse grandes esforços para condená-lo. Além disso, ele descobriu da pior maneira possível que para a igreja e para a sociedade em geral era considerado inimigo público por defender ideias polêmicas e incentivar a descrença e a libertinagem.

Tentaram também arrolar Anne no processo, já que havia pessoas testemunhando contra ela. Diziam que a governanta era tão culpada quanto o patrão, já que nada fizera para defender a filha e, pior, que andava obrigando-a a se submeter aos caprichos do escritor por interesses financeiros.

As mãos da justiça recaíram sobre o acusado com todo o seu peso. Ele foi condenado por homicídio com aspectos agravantes que o mantiveram longo tempo na prisão. Porém fez questão de sempre defender Anne em seus depoimentos, assumindo integralmente a culpa pelo ocorrido, apenas deixando claro que a morte de July fora um lamentável incidente e não um assassinato premeditado, conforme afirmavam os seus acusadores.

No fundo, o escritor não achava justas as acusações contra Anne, afinal, toda a tragédia fora desencadeada pelas suas atitudes. O equívoco de Anne fora tão somente manter-se fiel a ele e, de certo modo, acreditar que realmente estaria fazendo a melhor escolha para o futuro da filha. Casar-se por interesses materiais foi sempre uma prática corriqueira na história da humanidade e, ainda nos dias atuais, muita gente a adota

***

No período em que esteve preso, tentando desesperadamente sobreviver com um mínimo de conforto, o escritor foi obrigado a se desfazer de todos os bens que possuía, inclusive da residência.

Porém, de todos os sofrimentos que experimentou, o pior foi ter de conviver com aquela aflitiva e persistente imagem de July morta. Foi a primeira vez que presenciara a morte de alguém e aquilo mexeu profundamente com as suas estruturas emocionais, até porque a morte ocorrera por sua culpa.

Naquela fase terrível, atormentado pelo remorso, começou a reconsiderar os seus conceitos sobre Deus. Muitas vezes se pegou chorando, pedindo perdão pelos seus erros, e essa atitude o deixava um pouco mais aliviado. Sem perceber, começava a travar uma sutil, porém consistente relação com a divindade cuja existência havia negado com tanta veemência.

Capítulo 28

Quando Jesus recomenda que nos reconciliemos o mais cedo possível com o nosso adversário, não quer apenas evitar as discórdias na vida presente, mas também evitar que elas se perpetuem nas existências futuras. Não sairás de lá, disse ele, enquanto não pagares o último ceitil, ou seja, até que a justiça divina não esteja completamente satisfeita.

O Evangelho segundo o Espiritismo
Capítulo 10 – item 6

Tempos finais

No dia em que o escritor finalmente conquistou a liberdade, embora nem considerasse mais que fosse possível, pois já havia admitido a possibilidade de morrer no cativeiro, ele não tinha a menor noção sobre o que fazer da vida. Não era mais ninguém. Não tinha dinheiro, nem amigos, nem casa...

Ficou vagando pelas ruas, sem destino, com fome, até que percebeu a aproximação de uma charrete. Dela desceu uma mulher toda vestida de preto, inclusive com um véu também preto que lhe encobria a cabeça e o rosto. Ela se aproximou, estendeu a mão e disse:

— Venha, meu amigo!

O escritor ficou intrigado. Há muito tempo ninguém o chamava de amigo. Então a mulher ergueu brevemente o véu, permitindo-lhe ver sua face.

— Anne! - ele exclamou com os olhos arregalados.

Ela apenas confirmou com um aceno de cabeça.

— Por quê? - ele perguntou.

Ela sorriu com tristeza e respondeu:

— Porque somos dois demônios solitários e nos merecemos.

Embarcaram e seguiram em silêncio por uma estradinha árida, ladeada por esparsos amontoados de neve. Anne decidira levar o ex-patrão para viver com ela na casa que pertencera aos seus pais, que já estavam mortos. Agindo assim, ela estava, de certo modo, retribuindo a acolhida que ele lhe oferecera no passado.

Além disso, Anne era grata ao escritor por tê-la defendido das acusações que pesavam contra ela. Graças à atitude dele, a mãe de July ficara livre da condenação.

***

A residência de Anne ficava no meio de um bosque e possuía um pomar onde, apesar do clima rigorosamente frio, cultivava algumas frutas e tubérculos. Ela estava cada vez mais se dedicando à pintura e de vez em quando ia à cidade vender seus quadros em exposições de rua. Vendia-os por um preço bem baixo, mas isso gerava uma renda suficiente para a subsistência dos dois, já que, idoso e sem saúde, o escritor vivia à custa dela.

Um dia, Anne voltou da cidade com papéis e uma caneta tinteiro, com que presenteou o amigo.

— Um escritor não deveria ficar tanto tempo sem escrever - ela disse.

Mas ele levou quase um mês relutando em encarar a tarefa. Desde a morte de July, não escrevera uma linha sequer. Parecia amedrontado com a possibilidade de compor.

Quando finalmente tomou coragem para fazê-lo, chegou a se assustar, pois mal tendo encostado a caneta no papel, as palavras praticamente se escreveram sozinhas formando uma frase curta e direta:

"Dieu est en tout"[4]

---

[4] **Deus está em tudo.**

Depois do susto, ele passou a anotar ideias bem mais moderadas e sensatas do que as adotadas ao longo de sua vida de escritor. Arriscou-se pelo campo da poesia, retratando temas bucólicos e triviais. Não almejava conquistas literárias, já não se iludia com os louros transitórios da fama, apenas escrevia e esperava a hora de partir.

Os calabouços úmidos da prisão haviam castigado imensamente os seus pulmões e uma tosse crônica, seguida de escarros com sangue, prenunciavam o fim daquela existência. Desencarnou em uma tarde morna de outono, sentado na pequena varanda da casa de Anne, observando-a pintar as folhas amarelecidas das árvores do bosque.

Anne não percebeu a hora em que ele deixou o corpo físico. Vira-o quieto, mas achou que estivesse apenas dormindo. Porém, o escritor, mesmo consciente de que estava morto, ficou esperando até o momento em que a amiga cerrou-lhe os olhos com os dedos e sussurrou, comovida:

— Descanse em paz, meu amigo!

***

De volta ao plano espiritual, outro período de martírio o aguardava. Ele estava em dia com a lei dos homens, mas continuava em débito com as leis divinas. Sua consciência o cobrava diuturnamente e a imagem de July morta passou a assombrá-lo de uma forma ainda mais contundente do que no tempo da prisão.

Depois de prolongado período de sofrimento, foi resgatado e tratado condignamente por generosa equipe socorrista. Somente muito tempo depois, receberia autorização para retornar à matéria, em que teria por tarefa usar o dom literário para corrigir os erros do passado.

Para que não voltasse a cair em tentação, seriam oferecidas as condições propícias: ele teria uma vida difícil, viveria na pobreza e, muito possivelmente, em confinamento.

E foi o que aconteceu. Sua genitora era um Espírito que se voluntariou a cumprir a função de concebê-lo. Corine, já na velhice, cuidou dele na primeira infância e, depois disso, o entregou aos religiosos que se tornaram a sua família e que, apesar de certos exageros no trato, orientaram-no durante a adolescência e a juventude.

Porém, as provações são muitas e a lei de atração colabora para que elas ocorram o tempo todo. Gerard, que era a reencarnação do jardineiro Jean já havia se envolvido com July, reencarnada como Valéry, quando Hector foi atraído para junto deles.

Anne, envergando agora o corpo físico de Sophie também já estava lá quando ele apareceu. O teatro estava remontado. Os quatro personagens da mesma trama unidos no mesmo palco, ou seja, na mesma residência do passado.

O que mudava agora era a posição de cada ator. Nesse novo cenário era Valéry quem ditava as regras, impunha suas vontades, seus caprichos e destilava por todo o ambiente o veneno corrosivo de sua mágoa, do seu ódio, do seu desejo de vingança... Tudo isso porque não conseguira perdoar os seus algozes.

E cada um daqueles personagens, em decorrência de suas fraquezas morais, deixaram-se contagiar pelas ilusórias tentações. Hector deixou aflorar em si o escritor orgulhoso, lascivo e prepotente do passado, deturpando mais uma vez o dom que lhe fora ofertado para reparar o erro cometido. Entregou-se novamente aos vícios morais.

Desse modo, mais do que fraquejar em suas tarefas, acabou criando as condições ideais para que Valéry, ainda que inconscientemente, já que estava protegido pela lei do esquecimento, orquestrasse e levasse a cabo o seu desejo de vingança.

Valéry dominou e subjugou Gerard, assassinou Sophie e conduziu Hector para o fundo do precipício. Ou seja, atuou negativamente sobre a vida de todos os que o haviam prejudicado na encarnação anterior. Tinha, com certeza, as suas razões, mas ao fazê-lo passou da condição de vítima para a de algoz, promovendo novos crimes, criando novos laços negativos com as mesmas pessoas, gerando a necessidade de futuras reparações.

Talvez nada disso houvesse ocorrido se Hector não cedesse à tentação de acompanhar Gerard naquela noite à residência de Valéry. Talvez! Não há certezas quando se vive em um mundo de expiações e provas, povoado por Espíritos devedores, imperfeitos e ainda bastante inclinados para o lado do mal.

Capítulo 29

Ide, pois, procurar os necessitados; conduzi--os sob as ramagens da árvore e partilhai com eles o abrigo que ela vos oferece. "Não se colhem uvas dos espinheiros". Meus irmãos, afastai-vos, pois, dos que vos chamam para apontar os tropeços do caminho, e segui os que vos conduzem à sombra da árvore da vida.

O Evangelho segundo o Espiritismo
Capítulo 18 – item 16

Convite ao trabalho

Uma tarde, Corine convidou Hector para passear, dizendo que tinha coisas importantes para lhe dizer. Foram a um parque, onde havia muitas árvores floridas e um gramado extremamente macio e verde.

— Que lugar lindo! - ele exclamou, admirando a paisagem.

— Foi por isso que o trouxe aqui - ela disse sorridente. — Sabia que iria gostar.

Sentaram-se à sombra de uma árvore e Corine falou:

— Sabe, Hector, têm umas coisas maravilhosas acontecendo, atualmente, na França.

— Sempre aconteceram coisas maravilhosas na França! - ele respondeu em tom de brincadeira.

— Mas agora é algo realmente inusitado - ela explicou. — Está havendo um intercâmbio mais aberto entre os planos material e espiritual. Segundo dizem, trata-se do advento de uma nova era para a humanidade terrena. Estão acontecendo fenômenos físicos, promovidos por Espíritos ditos "batedores", para provar a existência da vida após a morte e a existência do mundo espiritual, paralelo ao mundo material.

— Que interessante! - Hector exclamou. — Será que isso vai dar certo?

— Bom... Inicialmente está uma desordem. As pessoas, incrédulas como sempre, estão conduzindo a questão para o lado do divertimento e muita gente duvida da genuinidade do processo, taxando-o de mera ilusão ou mistificação. Porém, segundo eu soube, tudo está muito bem planejado. Há um francês bastante respeitado que deverá conduzir, sob a orientação de Espíritos de escol, esse importante momento. Seu nome é Hippolyte Léon Denizard Rivail, ele é escritor e educador, membro de diversas sociedades acadêmicas.

— É... Ele deve ser mesmo muito importante - observou Hector.

— Ele não é apenas importante - esclareceu Corine. — É um Espírito que se encontra preparado para conduzir esse relevante projeto. É chegada a hora do cumprimento da promessa de Jesus a respeito do Consolador Prometido que seria enviado e que permaneceria entre os homens. Trata-se de uma iniciativa que visa colocar definitivamente a Terra no caminho da regeneração, a partir da tomada de consciência do homem sobre a sua origem espiritual e a sua imortalidade.

— E isso será feito por Espíritos batedores?

— É claro que não. Os fenômenos atuais são apenas uma forma de chamar a atenção das pessoas. A ideia é que haja comunicações inteligentes, com depoimentos de desencarnados falando sobre o mundo espiritual e as experiências aqui vivenciadas. Como você pode ver, não será o trabalho de um homem só, nem de um só Espírito. É tarefa para um batalhão de trabalhadores dos dois planos da vida e que, irmanados pelos mesmos ideais, criem uma aliança consistente, íntegra e progressiva até que os objetivos sejam alcançados.

Hector ficou um tempo em silêncio refletindo sobre tudo aquilo, até que decidiu perguntar:

— Por que você está me contando essas coisas?

— Porque você, Hector, precisa fazer parte desse trabalho - ela respondeu prontamente.

Ele chegou a se assustar com aquelas palavras.

— Eu? Não! De jeito nenhum...

— Por quê?

— Porque não posso... Não sei como fazer... Não estou preparado... Não possuo merecimento...

Corine segurou nas mãos dele e perguntou:

— Hector, se eu disser que apenas uma formiga pode construir um formigueiro enorme, você acreditaria?

Ele balançou a cabeça, negando. Ela sorriu e completou:

— Mas se eu disser que milhões de formigas constroem um grande formigueiro, você não terá como duvidar, certo?

— Naturalmente.

— Veja, eu não estou dizendo que você deve ser "a formiga" que vai construir o formigueiro, estou dizendo que você deve fazer parte de um batalhão de "formiguinhas" que o construirá. Ou será que nem para o papel de uma pequena formiga, que atuará em meio a um batalhão de outras formigas, você se julga apto?

Hector teve de concordar que ela tinha razão e até se sentiu constrangido pelo modo como a questão fora colocada. Mas ainda estava intrigado.

— Mas por que você pensa assim?

— Porque você possui qualidades importantes para esse trabalho de intercâmbio entre os dois planos. Você é inteligente, sensível e tem facilidade de se comunicar com os Espíritos, mesmo nos períodos em que se encontra encarnado.

— Nossa! Isso é novidade para mim - ele falou.

— Não. Não é! - Corine afirmou. — É que você desconhece o funcionamento desse processo. Lembra-se de quando você escrevia versos no mosteiro, cujo conteúdo lhe era totalmente estranho?

— Sim. Alguns versos falavam sobre reencarnação, vida no mundo espiritual... Na verdade eu mal lia aquilo. Esquecia logo depois de haver escrito e não os levava muito a sério.

— Eram mensagens mediúnicas que você recebia, meu querido! Poetas e escritores desencarnados entravam em sintonia mental e você transcrevia o que eles "ditavam". Essa é uma das formas, e talvez a mais importante, como deverá ocorrer o intercâmbio sobre o qual estou falando. As mensagens enviadas pelos Espíritos chegarão aos homens pelo concurso dos medianeiros, ou seja, de pessoas sensíveis o bastante para receber e transmitir essas comunicações.

E Corine fez longa explanação sobre o processo das comunicações espirituais e o papel dos escritores que estavam se preparando para reencarnar com o objetivo de desenvolver essa tarefa. Explicou que o plano era distribuir os médiuns por diversos países, permitindo assim que as mensagens mediúnicas surgissem em ambientes vários, a fim de que a nova doutrina, que era na verdade uma interpretação mais pormenorizada da doutrina de Jesus, se espalhasse pelo planeta.

Hector ficou pensativo.

— Sabe, Corine, ouvindo você falar assim, me dá muita vontade de colaborar, mas tenho medo. O que será de mim? Já falhei tanto...

Ela o encarou com brandura e disse:

— Oh, meu querido! Não dá para negar que você traz adormecido em sua alma o gérmen de todas as viciações do passado. Nessa nova experiência na carne, terá forte tendência para o alcoolismo e para a depravação. Seus relacionamentos afetivos serão bastante instáveis. Além disso, será sempre cercado de companheiros de infortúnios, encarnados e desencarnados que, desde os primeiros passos, se sentirão atraídos para a sua presença. Uns tentarão induzi-lo à prática dos mesmos erros, outros, que se julgam vítimas dos seus sedutores e equivocados argumentos, tentarão vingança, criando engenhosas armadilhas psíquicas que serão para você um desafio constante e que poderão lhe criar sérios problemas de conduta, gerando novos conflitos, novas vítimas e novas mágoas.

Ouvindo aquilo, Hector levou as duas mãos à cabeça e suspirou fundo:

— Meu Deus do céu! Está vendo por que eu acho que não vou dar conta?

Corine o abraçou e disse:

— Calma! Por outro lado, você terá a seu favor as virtudes conquistadas até aqui. Além da inspiração para a literatura edificante, terá o coração bom e compassivo, a capacidade de amar, compreender e perdoar. A tarefa pode ser difícil, mas não é impossível. Lembre-se de que você não estará sozinho. Deus há de permitir ao seu lado Espíritos que se simpatizem com a sua causa e que lhe darão suporte e segurança no agir.

— Espíritos simpáticos a mim, como você, por exemplo? - Hector perguntou em uma atitude quase infantil a suplicar esperança. — Você reencarnaria junto comigo, para me ajudar?

Corine sorriu.

— Eu adoraria! E prometo que tudo farei para que isso ocorra. Pedirei autorização para estar ao seu lado nessa nova etapa de sua vida.

— Seria um parente consanguíneo dessa vez? - ele arriscou.

— Pode ser... Ou, de qualquer modo, serei sua "irmã". Afinal, toda a humanidade, por sua origem divina, já não possui indissolúveis laços fraternais? - Corine disse apontando para o alto.

E os dois começaram a rir, descontraídos. Mas, notando que Hector de repente ficou contemplativo, Corine perguntou:

— O que foi, meu irmão? Sentindo falta de alguém?

Ele deu um profundo suspiro e disse:

— É essa paisagem, sabe? Ela me lembra muito as aquarelas pintadas por Sophie. De repente senti saudade dela. Aliás, por que ela não se junta a nós?

Corine apoiou a mão no ombro dele, encarou-o amorosamente e respondeu:

— Cada coisa a seu tempo, meu querido! Esperemos Sophie se recuperar primeiro. Não há dúvida de que toda manifestação artística será utilizada pela espiritualidade nesse intercâmbio entre artistas dos dois planos. Sophie também emprestará a sua contribuição a essa grande obra, mas fará isso na hora certa, quando estiver realmente preparada.

Corine recostou a cabeça no ombro de Hector e o convidou para silenciosamente contemplarem o pôr do sol. Iniciavam ali, no plano espiritual, a relação fraterna que haveriam de ter na próxima experiência na matéria. Importante tarefa os aguardava juntamente com todas as dificuldades enfrentadas pelos Espíritos imperfeitos, ainda estagiários na prática do dom de amar, compreender e perdoar.

Capítulo 30

Aproximam-se os tempos, ainda uma vez vos digo, em que a grande fraternidade reinará sobre o globo. Será a lei de Cristo a que regerá os homens: somente ela será freio e esperança, e conduzirá as almas às moradas dos bem-aventurados.

O Evangelho segundo o Espiritismo
Capítulo 11 – item 14

Epílogo

A elaboração dos livros da codificação espírita, um pouco depois de meados do século dezenove, gerou um período de grandes atividades nos dois planos da vida. O intercâmbio entre os autores espirituais e as equipes mediúnicas coordenadas pelo professor Rivail - que assumira sob a orientação do "Espírito Familiar" o codinome Allan Kardec -, mobilizou religiosos, filósofos, poetas e escritores desencarnados que eram identificados não apenas pela assinatura em suas mensagens, mas, principalmente, pela inteligência, coerência e sensatez com que as apresentavam.

A nova ordem sugeria uma fé baseada no raciocínio lógico, no bom senso e não apenas na mera suposição de fatos abstratos, alicerçados em dogmatismos injustificados, crendices e superstições. A elaboração de *O Livro dos Espíritos*, publicado em 1857, foi o marco inicial desse importante trabalho. Depois foi a vez de *O Livro dos Médiuns*, publicado em 1861. *O Evangelho segundo o Espiritismo* viria à luz em 1864, seguido de mais duas obras que complementariam o Pentateuco Espírita: *O Céu e o Inferno* (1865) e *A Gênese, em 1868.*

Todo esse trabalho foi realizado em pouco mais de uma década e, além das equipes que participaram ativamente do processo, muitos Espíritos o acompanharam atentos e interessados. Eram os que se propunham a aprender para, futuramente, darem continuidade à obra; por vezes orientando, do plano espiritual, os médiuns encarregados de transcrever as mensagens; outras vezes na condição de encarnados, recebendo via mediúnica, as comunicações espirituais.

Hector e Corine faziam parte desse grupo de estudiosos. Procuravam absorver todo o conhecimento possível para que, quando chegasse a oportunidade de transmiti-lo, estivessem bem preparados para fazê-lo com competência e segurança.

Foi necessária uma longa fase de estudos, até que estivessem aptos para reencarnar e dar a sua contribuição à nobre causa. Ambos reencarnariam quase um século depois daquele período de aprendizagem, em lar pobre e inculto, para evitar ou ao menos atenuar a força das tentações que conduziram Hector, no passado, à estrada larga da perdição.

No poeta, a inspiração literária certamente eclodiria muito cedo, porém para que junto a ela não fossem despertadas também as más inclinações, a oportunidade de escrever para um público mais abrangente só seria possibilitada depois de certo amadurecimento e, principalmente, somente depois do seu encontro com a Doutrina Espírita, que deveria embasar as suas escritas nessa nova encarnação.

Sua literatura, sempre inspirada por companheiros do plano espiritual, seria voltada para o incentivo à fraternidade cristã. Apregoando que, enquanto houver ofensa, haverá sempre uma vítima em busca de vingança, disposta a cometer novas ofensas que, por sua vez, gerarão novos crimes, ininterruptamente, ou até o momento em que se conscientizem de que é necessário "dar a outra face", "perdoar quantas vezes forem necessárias", "amar o inimigo"...

Ou seja, quando forem colocados em prática os ensinamentos de Jesus, sabendo que Ele não passou pela Terra para jogar palavras ao vento, mas para ser entre nós "Caminho, Verdade e Vida".

Fim